JN164203

THE PETER PRINCIPLE

WHY THINGS ALWAYS GO WRONG

LAURENCE J.PETER
RAYMOND HULL

ローレンス・J・ピーター
レイモンド・ハル
渡辺伸也［訳］

［新装版］

ピーターの法則

「階層社会学」が暴く
会社に無能があふれる理由

ダイヤモンド社

無能レベルにありながら
働き、遊び、恋し、生き、死んで
階層社会学という有益な学問の
誕生と発展を支えた
すべての人に、本書を捧げる。

——世の人々を救った彼らは、
自分を救うことはできなかった。

THE PETER PRINCIPLE
BY LAURENCE J. PETER AND RAYMOND HULL

A HARDCOVER EDITION OF THE ORIGINAL ENGLISH-LANGUAGE EDITION WAS PUBLISHED IN 1969 AND
A PAPERBACK EDITION IN 1998 BY WILLIAM MORROW,
AN IMPRINT OF HARPERCOLLINS PUBLISHERS.

COPYRIGHT © 2009 BY IRENE PETER.
ALL RIGHTS RESERVED.

PUBLISHED BY ARRANGEMENT WITH WILLIAM MORROW,
AN IMPRINT OF HARPERCOLLINS PUBLISHERS, NEW YORK
THROUGH TUTTLE-MORI AGENCY, INC., TOKYO

目次

3

ついに例外は発見されなかった

4

能力によらない昇進

5

がむしゃらな昇進の追求

12

無能ゆえの奇妙な行動

ピーターの人間観察

13

無能レベルでの健康と幸福

すりかえの術

14

創造的無能のすすめ

知恵と戦略

15

ピーターの法則が世界を救う

進化論的応用

レイモンド・ハルによるはしがき

INTRODUCTION BY RAYMOND HULL

ジャーナリストあるいは作家として、私は社会や文明のあり方について考察する機会に恵まれ、これまでも、政治、経済、経営、教育、そして芸術の世界で多くの調査を行っては、その成果を世に発表してきました。取材をした人々の職業は、貴賤上下の別なく、多岐にわたっています。そうして気がついたのは、「人間はヘマをする」ということです。例外はまず見つかりません。とにかく社会には無能の嵐が吹き荒れ、無能がはびこっています。

こんなことがなぜ起こる？

私は長さ一・二キロもの橋が倒壊して海に沈むのを見たことがあります。入念なチェックが行われたはずなのに、橋脚の設計で単純なミスを犯した者がいたのです。

また、一級河川沿いの低地で都市開発を進めている人を知っています。毎年決まって水びたしになる一帯なのにです。

最近、イギリスの電力会社が所有する巨大な冷却塔三基が倒壊したという話を本で読みました。一基あたり一〇〇万ドルもつぎ込みながら、強風に耐える強度がなかったというのです。

テキサス州ヒューストンにあるドーム球場にいたっては、完成するまで野球に適さないことを見抜けなかったというのですから傑作です。晴れた日には天井がまぶしすぎて、飛球を見失ってしまうのです。

どの家電メーカーも地域ごとに苦情と修理のための窓口を設けていますが、それは自社製品が保証期間内に故障することが経験上わかっているからです。

新車に起こる故障について、たくさんのユーザーから苦情を聞いたことがある私は、ここ数年、大手メーカーが製造した車のおよそ二〇パーセントに重大な欠陥が見つかっていると聞いても驚きはしません。

場所と時代を超えて

誤解しないでほしいのですが、私は、新しいというだけで何でもケチョンケチョンにする、偏見に凝り固まったウルトラ保守主義者ではありません。無能は、場所と時代を超えてあまねく存在していると言いたいだけです。

イギリスの政治家で『英国史』の著述もあるマコーレーは、一六八四年当時のイギリス海軍のことを、時の海軍大臣サミュエル・ピープスの記録をもとに次のように評しました。

「海軍という組織は、無駄と腐敗と無知と無精の巣窟だった。見積もりはまったく当てにならず……契約は踏みにじられてばかり……点検もまるで行われていない。まだ新しいのに船体の傷みが激しく、修理を急がないと、出航する前に沈んでしまうのではないかと不安になるような軍艦も散見される。水兵は、いつ給料が支払われるか見当もつかないから、高利貸しに小切手を四割引きで買い取らせて喜ぶありさまだ。とにかく、実際に船を指揮していたのは、海のことなど何も知らない素人ばかりだった」

ウェリントン将軍は、一八一〇年のポルトガルでの軍事作戦に従軍する部下の名簿を見てこう語ったそうです。

「敵の将軍も兵士のリストを手にして、私のように怯《おび》えているといいが……」

南北戦争で七日間戦争を指揮した北軍のリチャード・テイラー将軍は言いました。

「南軍の指揮官たちはリッチモンドの地勢をまったくわかっておらず、市街地を出てしまうと、まるでアフリカのど真ん中で戦っているようなありさまだった」

ロバート・E・リー将軍は、こんな愚痴を吐き捨てたことが知られています。

「何を命令しても、そのとおり事が運んだためしがない」

第二次大戦中、イギリス軍は、ドイツ軍よりはるかに劣る砲弾や爆弾で戦っていました。しかし、一九四〇年にはすでにイギリスの科学者も、爆薬に微量のアルミニウム粉末を加えるだけで破壊力が倍加することを知っていたのです。それなのに、その実用化は一九四三年まで待たねばなりませんでした。

同じく第二次大戦中、こんどはオーストラリアでの話ですが、改修がすんだ病院船の点検作業を行っていた副長は、飲料タンクの内側にまで、サビ止め用の鉛丹が塗られていることに気づいたそうです。鉛丹は毒性が強いので、乗船した者はあやうく一人残らず中毒死するところでした。

しかし、これらは私が見聞きした膨大な事例の氷山の一角にすぎません。このようにして私は、無能とは普遍的なものだと観念するようになりました。

月面探査ロケットが、何らかの処置が見落とされたり、部品の破損で何かが作動しなかったり、何かが暴発してしまったりしたせいで打ち上げに失敗しても、私は少しも驚きません。

政治家とは、選挙公約を実現できっこない人たちがなる職業なのでしょう。かりに実行に移される公約があるとすれば、それは対立候補が口にしていた政策に違いありません。

私の体験

こうした無能が、公共事業や政治、宇宙開発など、庶民には縁遠い分野の問題だけでも十分困りものですが、悲しいかな、私たちのすぐ身近なところでも無能は厄介なお荷物としてのさばっています。

これを書いている今も、アパートの隣に住む女性が電話をしているのが聞こえてきます。話している内容がひとこと残らず筒抜けなのです。現在、午後一〇時ですが、廊下をはさんだ向かいの部

「誰だ、電源をどっかにやったのは？」

屋の男性は、風邪をこじらせて、いつもより早く寝てしまったようです。ひっきりなしに咳をしています。寝返りを打つたびに、スプリングのきしむ音が聞こえます。安い下宿屋の話をしているのではありません。ここは時代の先端をいく立派な高層マンションで、私は高い家賃を払っているのです。設計者といい、建築業者といい、いったいどういう仕事をしたのでしょう。

先日、友人が弓ノコを買って、鉄製のボルトを切ろうとしたら、そのノコギリは二引き目に刃が折れたばかりか、取りつけ部分も壊れ、使いものにならなくなったといいます。

先週、竣工して間もない高校の講堂でテープレコーダーを使おうとしたところ、どうしても電源が入りません。担当の電気技師は勤めて一年になりますが、ステージの主電源スイッチがどこにあるのか、じつはまだ見つけられないというのです。もしかしたら配線そのものが来ていないのではないかと疑い始めていました。

今日の午前中、書斎の電気スタンドを買いに行き、品ぞろえの豊富な売り場で、私は気に入ったものを見つけました。店員が包装しかけたとき、疑い深くなっていた私は、ためしにスイッチを入れてみてくれとお願いしました。店員は、そんな客は初めてだというふうで、コンセントを探すのにえらく手間取っていました。なんとかコンセントは見つかったものの、肝心の灯りはつきませんでした。そこで店員は別の在庫品を取り出してきて再度挑戦しましたが、やはりそれもつきません。スイッチに欠陥のある商品だったのです。結局、私は何も買わずに店を出ました。

これまた最近の話ですが、リフォーム中の別荘の断熱材に、約一八〇平方メートルのグラスファイバーを注文しました。女性店員が間違った伝票を書かないよう、数量を書き込むところを私は覗き込んで確認しました。しかし、それも無駄な努力でした。建築資材会社から二一〇平方メートル分の請求書が届き、なんと実際には二七〇平方メートル分の商品が配達されてきたのです！

教育の世界でも

教育は世の災いを取りのぞいてくれるものとして期待されていますが、こと無能に関してはまったく非力です。それこそ、無能が大手を振ってのし歩いているのが教育の世界なのです。

高卒者の三人に一人が、小学校五年生程度の文章を読めないというのです。新入生向けに読解力養成講座を開講するのは、いまや大学の常識です。ある大学の実態を聞いて驚かないでください。新入生の五人に一人は、教科書の文章を満足に読めないのです！

私はあるマンモス大学から郵便物を定期的に送ってもらっています。一年ほど前に引っ越した際に、住所変更通知を大学に出しました。しかし、その郵便物は昔の住所に送られ続けました。さらに二度、住所変更通知を出しなおし、確認の電話を入れ、とどめには直接事務局を訪ねて、古い住所を指し示し、見ている前で新しい住所を書き留めさせました。それなのに、郵便物はあいかわらず前の住所に送られ続けたのです。

しかし二日前のこと、新たな展開がありました。私のあとにアパートに越してきた女性から電話がかかってきたのです。おわかりですね、彼女が私宛ての郵便物を受け取り続けていたわけです。その彼女も先ごろ引っ越しをしたそうですが、なんと、こんどは彼女の新しい住所にそれが届き始めたというのです！

無能の原因を求めて

すでに申し上げましたが、無能がいたるところにあふれ返っている状況には観念するしかありません。しかし、もしも無能の原因が特定されるなら、それを治す方法だって見つかるかもしれません。そんな期待をもって、私はいろいろな人たちに考えを聞いてまわることにしました。

さまざまな説が飛び交いました。銀行家は学校の責任を指摘します。

「最近の子どもたちは、てきぱきと仕事をする習慣が身についていない」

教師たちは、政治家に攻撃の矛先《ほこさき》を向けました。

「中枢にいる自分たちはのらりくらりやってるくせに、市民には平気で注文ばかりつける。それに、教育予算の増額を要求しても聞く耳を持たないし。せめて学校に新しいコンピュータぐらい入れてほしいものだ」

無神論者は教会を批判します。

「よりよい世界を説く作り話で人の心をたぶらかして、現実問題から関心をそらしている」

教会は教会で、ラジオやテレビや映画といった娯楽産業が問題だと訴えます。

「教会の教えに人々が耳を貸さないのは、注意を散漫にする誘惑が今の社会に多すぎるからだ」

労働組合は経営陣を非難します。

「ヤツらは、生活最低賃金すら払わない欲深な連中ばかりだ。こんな給料で仕事ができるか」

経営者も負けてはいません。

「組合の主張といえば、『給料を上げろ、休みを増やせ、退職金をよこせ』ばっかりだ。あとは何も考えていない」

個人主義者は、「福祉国家政策こそが、主体的にものを考えない国民を生んでいる」と批判します。

民生委員は、「家庭内の甘やかしと家族関係の崩壊が、仕事に対する無責任を助長している」と指摘します。心理学者の説明は、「思春期に性的な衝動を封じ込めようとするから、その罪悪感の代償として、無意識に失敗願望が生じる」というものでした。哲学者にいたっては、「人間は神ではない。人生にミスはつきものだ」と片づけてしまいました。

こうもさまざまな解釈があるようでは、結局、何も説明されていないに等しいではありませんか。無能というものを理解することなど無理なのか、と私は考え始めていました。

ピーター博士との運命的な出会い

そんなある日の夜のことです。私は劇場のロビーで、退屈な芝居の二度目の幕間に、無能ぞろいの役者や演出家のことをぼやいていました。そのとき、ローレンス・J・ピーター博士と初めて言葉を交わしたのです。ピーター博士は、長年にわたって無能の研究に打ち込んできた学者でした。

博士の話には興味津々だったのですが、時間が短すぎて、十分に話を聞けませんでした。そこで芝居がはねてから博士のお宅にお邪魔し、明解で驚異的なまでに独創性に富む博士の理論に、夜中の三時まで聞き入ったのです。その内容は、「なぜ無能がはびこっているのか」という私の問いに答えてくれるものでした。

ピーター博士は、無能が存在するのは、人間の原罪のせいでも、社会を撹乱《かくらん》しようという悪しき意図のせいでも、たまたま起こる事故や失敗のせいでもない、と説明してくれました。そして、私たちの社会に存在するある一つの性質こそが、無能を生じさせ、無能をあと押ししている真犯人だと指摘してくれたのです。

無能の全貌が明らかにされた！　私は興奮を禁じえませんでした。それなら無能を根絶することだってできるじゃないか！

ピーター博士はいかにも謙虚な人らしく、この発見を数少ない友人や研究者仲間にしか話しておらず、このテーマでの講演もときおり引き受ける程度で満足しているようでした。収集した膨大な数の症例も、卓越したその理論や無能への対処法も、何ひとつ活字にして発表していませんでした。この件に関してピーター博士はこう言います。

「人類に貢献する法則を見つけた、という気がしないわけでもないが、なにしろ大学の講義や書類の山に追いまわされて、毎日、猫の手も借りたい忙しさなんだよ。それだけじゃない。教授会だってあるし、ほかの研究を全部投げ出すわけにもいかんだろう……。そのうち資料を整理できれば本にまとめるかもしれんが、あと一〇年、いや一五年は無理だろうな」「先延ばしするのは百害あって一利なしですよ」と私が言うと、ついにピーター博士は共同での出版に同意してくれました。こうして、広範に蓄積されたデータと膨大な原稿を私が博士から受け取って編集し、一冊の本にまとめあげることになったのです。

以下、本書では、ピーター博士による独自の法則の解説――今世紀最大の感動をもたらす社会学的・心理学的発見――が述べられていきます。

先を読む前にひとことご注意

さあ、準備はいいですか。

世の中のさまざまなカラクリを一冊の衝撃的な本によって突きつけられても、本当にかまいませんね。なぜ学校が生徒に知恵を授けられないのか、なぜ政府が秩序を保てないのか、なぜ裁判所が正義を貫けないのか、なぜ繁栄が幸福をもたらさないのか、なぜユートピア計画をもってしてもユートピアは誕生しないのか、知ってしまっても後悔しませんね。

なめてかかってはいけません。この先を読むと決めたら最後、もう二度とあと戻りはできません。読んでしまったら、知らないほうが幸せだったと嘆いても、もう手おくれです。深く考える必要もなく上司をひたすら尊敬し、部下を動かしていた今までのあなた自身とはもうお別れです。永遠のお別れなのです！　一度聞いてしまったら、「ピーターの法則」を忘れることなど不可能なのです。

読むとどんな得があるか、ですか？

いいでしょう。自分の無能を克服し、ほかの人の無能を理解することで、楽な気持ちで仕事ができるようになり、昇進をして、お金ももっと稼げるようになるでしょう。いやな病気にもかからなくなります。仲間からはリーダーとして認められます。余暇だって存分に楽しめるようになるでしょう。友達には満足を、敵には混乱を提供できます。子どもたちには好印象を与え、結婚生活も新鮮でより豊かなものにできるでしょう。

ひとことで言ってしまえば、ピーターの法則を理解すれば、あなたの人生に革命が起こるのです。ことによると、あなたは命拾いをするかもしれません。

さあ、勇気がある人は、このあとのページを読み、ピーターの法則を心に焼きつけ、記憶し、実践しようではありませんか！

1 世界には無能がはびこっている

ピーターの法則

THE PETER PRINCIPLE

「こいつは変だ、何かある……」

——ミゲール・デ・セルバンテス（スペインの作家）

「偉い人っていうのは、自分が何をしているのか、ちゃんと理解しているものだ」。私は子どものころ、そう教わったものです。「いいかい、ピーター、勉強をすればするほど、偉くなれるんだよ」。そんな励ましを受けて私は大学に進み、この教えを肝に銘じて、教員免許を片手に実社会に飛び込んでいきました。

そして迎えた教師生活一年目……。私は、少なからぬ教師、校長、指導主事、教育長といった人々が、教育者としての職責を理解しておらず、その義務を果たすには不適格、つまり無能であると知って唖然としました。

どういうことかと言えば、私が最初に赴任した学校では、校長の最大の関心事は、窓のブラインドがきれいに同じ高さにそろっているか、教室内が静かか、バラの花壇に足を踏み入れる者はいないかということだったのです。指導主事はといえば、とにかくマイノリティの人々の感情を害するようなことが行われていないか、すべての書類がちゃんと期限どおりに提出されているか、そんなことばかりを気にしていました。管理職の職務のなかで、子どもの教育問題はまるで隅っこに追いやられていたのです。

はじめ私は、この学区だけが特殊なのだろうと割りきっていました。そこで、別の学区で採用してもらおうと出願しなおすことにしたのです。お役所的なやり方にも忠実に従って、所定の用紙に必要事項を記入し、書類をそろえて応募をすませました。ところが数週間たったころ、なんと出願書類が全部送り返されてきたのです！

書類に不備があったわけでもなく、記入漏れも見つかりませんでした。ちゃんと公印が押されているところを見ると、いったんは受理されたに違いありません。しかし、同封された手紙にはこう書かれていたのです。

「このたびの規則改正により、こうした出願に関わる書類は、配達の際の安全性確保という観点から、『書留』で郵送されたもの以外は、当方ではいっさい受理できないことになりました。ご面倒ですが、もう一度『書留』扱いでご送付いただきたくお願い申し上げます」

ひょっとすると無能というのはこの地区の教育機関の専売特許ではなさそうだ、という疑念が私のなかに芽生えました。

広く外に目を向けてみると、組織と名のつくところには必ずや仕事のできない人間がごろごろしていることに気づいたのです。

――いたるところ無能だらけ

世間には職業人として無能な人間があふれ返っています。あなたのまわりにもいますよね？　このことは、きっとだれもが勘づいていることです。

毅然とした政治家を装った優柔不断な政治屋とか、誤った報道の原因を「不測の事態」のせいにする「信頼できる情報筋」に心当たりはありませんか？　怠け者で横柄な公務員は数え上げたらキリがありません。勇ましい言葉で兵士を煽《あお》りながら、自らの臆病な行動によってバケの皮がはがれてしまう軍の司令官もいれば、持って生まれた卑屈さが災いして統治能力のなさを露呈してしまう知事もいます。

教養があるはずの人たちに目を向けても、不道徳な牧師、わいろで手のひらを返す判事、矛盾した論理を展開する弁護士、文章のおかしい作家、スペルがでたらめな英語教師といった具合で、あきれ返ってしまう例には事欠きません。大学にいるのは、立派な教育理念をうたっているくせに現場での意思の疎通が破綻しているお偉方や、蚊の鳴くような声で意味不明な講義をしては学生に居眠りのひとときを提供する教授ばかりです。

政界、法曹界、教育界、産業界——すべての階層社会のすべてのレベルで無能な人間ばかりを目の当たりにした私は、きっと人間の配置をつかさどるルールに何らかの問題があるに違いないという仮説を立てるにいたりました。こうして私は、人々がどのように階層社会を昇っていくのか、そして昇進した彼らがその後どうなるのかを解き明かす研究に本腰を入れるようになったのです。

さっそく私は科学的な資料として、何百という事例を収集しました。ここで典型的なものを三つ紹介することにします。

市役所の無能

J・S・ミニョン*はエクセルシオ市の公共事業部営繕課の現場責任者でした。とにかく愛想のよい彼は、役所の上司たちにはすこぶる評判がよく、直属の上司も「ヤツはいい男だよ。判断にも間違いがない。人あたりも抜群で、なにしろ文句を言わずに話をちゃんと聞くからな」と買っていました。

こういうミニョンのふるまいは、現場責任者として申し分ないものでした。彼は自分で何かを決めることなどないわけですから、上司と議論する必要もなかったわけです。

営繕課の主任が定年で退くと、ミニョンが彼の後任の座に就きました。ところが、ミニョンはあいかわらず、だれの話にも相槌を打ち続けました。上から来る指示を一つ残らず部下の現場責任者に伝えるので、当然矛盾が生じてきます。計画の変更に振りまわされて、作業員はやる気を失ってしまいました。市長やほかの管理職からだけでなく、納税者や営繕課職員の労働組合からも苦情が相次ぎました。

ミニョンはあいかわらず、だれにでも「承知しました」を連発し、上司からの指示を部下に伝え、部下からの報告を上司に伝えるだけです。営繕課主任という肩書きですが、実際の仕事はメッセンジャーにすぎません。そのため営繕課は、予算をすべて使いきっても事業計画を完遂できないでいます。要するに、有能な現場責任者だったミニョンは、無能な営繕課主任になってしまったのです。

自動車修理工場の無能

R・グリース自動車修理工場で働くE・ティンカーは、たぐいまれな熱心さと知性を持った見習工でした。彼はすぐに一人前の修理工に昇格しました。ティンカーは、原因不明と思われ

＊ 無能の烙印《らくいん》を押されてしまった人々への配慮から仮名を採用しています。

た故障箇所を見つけ出す能力に長けており、修理にもとことん粘り強く取り組みました。その結果、彼は作業班長への昇進を手に入れたのです。

しかし、作業班長としての職務では、彼の機械好きと完璧主義があだになりました。彼は、工場のスケジュールがどんなに過密でも、面白そうだと思った仕事は「なんとかやってみましょう」と何でも引き受けてしまうのです。

ティンカーは、自分が満足できないかぎりは作業の終了を宣言しません。絶えず修理作業に首を突っ込むので、彼が机の前で仕事をしている姿などめったに拝むことはできません。彼自身がエンジンを分解して鼻の頭をまっ黒にするのはかまわないのですが、本来その仕事をまかされるはずの修理工は傍観するしかなく、ほかの修理工も自分に仕事が割り当てられるのを呆然と待つだけです。こうなると、工場は仕事がどんどんたまって混乱し、納車が遅れるのも当然のなりゆきということになります。

修理を依頼した顧客にとっては、修理の完璧さより、約束した納期を守ることのほうが重要な意味を持つということをティンカーは理解できないのです。さらに、修理工たちにとっては、車のエンジンよりも給料のほうが大事だということにも考えがまわりません。結果として、ティンカーは顧客と部下のどちらの支持も得られないでいます。修理工として有能だった彼は、いまや無能な作業班長という地位にあるのです。

軍隊の無能

今は亡き高名なA・グッドウィン将軍の例を見てみましょう。

さりげなくも力強い物腰、パンチの効いた話し方、くだらない規則を鼻で笑う大胆さ、そして勇敢さを絵に描いたような人柄ゆえに、彼は部下にとってカリスマ的存在でした。そして実際、部隊を数多くのすばらしい勝利へと導いてきたのでした。

そのグッドウィンが陸軍元帥の地位に昇りつめると、こんどは一般の兵士ではなく、政治家や連合軍の大元帥といった人々を相手にしなくてはならなくなりました。

しかし彼は、そこで要求される慣習とか外交儀礼などにはどうしても順応できませんでした。しきたりだからといって礼儀正しくしたり、歯が浮くようなお世辞を言ったりするのは、彼の性分には合わなかったのです。

そのためグッドウィンは大物たちと衝突し、部屋でヤケ酒をあおる日々を過ごすことになりました。当然、戦場での指揮は彼の部下に委譲されました。グッドウィンが昇進したところは、彼には職責を果たせないポストだったのです。

昇進が無能をもたらす

そのうち私は、こうした事例のすべてに共通点があることに気づきました。つまり、彼らはいずれも、有能さを発揮できていた地位から無能ぶりを露呈することになる地位へと昇進させられていたのです。この事態は、遅かれ早かれ、あらゆる階級社会の、あらゆる人々に起こりうることだと私は悟りました。

ある会社の昇進と無能

あなたはパーフェクト・ピル製薬会社のオーナーだとします。薬を丸める工程の作業班長が胃潰瘍《いかいよう》を悪化させて亡くなり、後任を平社員のなかから探すことになりました。

オーバル、シリンダー、エリプス、キューブの四人にはどこかしら欠点があり、彼らにまかせるわけにはいきません。そこで、この作業に最も有能なスフィアを班長に登用することにしました。

さて、そのスフィアは作業班長としても有能であることが証明されたとしましょう。すると、総職長のレグリーが工場長に昇進したときには、スフィアがその空席となったポストに昇格すると予想できます。

逆に、スフィアが作業班長として無能であれば、もう出世の声はかかりません。なぜなら彼は、私が命名した表現で言えば「無能レベル」に到達してしまったからです。彼は残された日々をその無能レベルに留まり、定年を迎えることになるでしょう。

班長になれなかったオーバルやシリンダーのような従業員の場合は、階層のいちばん下ですでに無能レベルに達しているので、昇進とは縁がありません。スフィアの場合、作業班長として十分な働きができなかったとすれば、一回の昇進で無能レベルに達したことになります。自動車修理工場のE・ティンカーの場合は、二回昇進したあとに三番目のステージで無能レベルに達しています。グッドウィン将軍は、階層の最上部まで昇りつめたところで無能レベルに陥ったということです。

このように、職業にまつわるおびただしい数の無能の事例を分析した結果から導き出した結論が、次の「ピーターの法則」です。

階層社会では、すべての人は昇進を重ね、おのおのの無能レベルに到達する。

新しい科学の誕生

ピーターの法則にたどりつくまでの過程で、偶然にも新しい科学の領域をつくりあげていたことに私は気づきました。階層社会を研究対象とする「階層社会学」（hierarchiology）という学問です。

そもそも「階層」（hierarchy）というのは、さまざまな階級の聖職者から成る教会の組織を意味する言葉でした。しかし今日では、教会に限らず、身分や等級や階級に従って構成員や従業員の配置が決まる組織であれば「階層社会」といってよいでしょう。

まだ歴史は浅いものの、階層社会学は、官公庁であれ、私企業であれ、組織の管理に幅広く適用できる学問だと言えます。

あなたも無能から逃れられない！

ピーターの法則は、すべての階層社会のからくりを理解するカギとなるもので、文明社会そのものの理解にも有益です。たまに、階層社会には組み込まれまいとするひねくれ者もいますが、ビジネス界、産業界、労働組合、政界、官公庁、軍隊、宗教界、教育界といった世界に従事する人は一人残らず、このピーターの法則の影響下に同じように置かれていて、その支配から逃れることはできないのです。

有能なレベルから昇進し、その次のレベルでも有能でいられるケースも、一度や二度であれば、多くの人が経験しているかもしれません。しかし、新しい地位で有能と認められるということは、さらに次の昇進が待っているということです。つまり、すべての個人にとって――あなたにとっても、

ピーターの必然
組織は無能な人で満たされる

私にとっても——最後の最後の昇進は、有能レベルから無能レベルへの昇進となるわけです。

もしも、十分に時間があれば——そして組織に十分な階層があるなら——すべての個人は、その人なりの無能レベルに行きつくまで昇進し、その後はそこに留まり続けることになります。そこで「ピーターの必然」は次のような帰結を予測します。

やがて、あらゆるポストは、職責を果たせない無能な人間によって占められる。

——それでは仕事をしているのはだれ？

もちろん現実問題として、すべての社員が無能レベルに達している組織にはなかなかお目にかかれません。たいていの場合、組織の表向きの目的を達成するために何らかの仕事が行われているものです。

仕事は、まだ無能レベルに達していない者によって行われている。

2 ピーターの法則に支配される社会

〈検証〉ピーターの法則

THE PRINCIPLE IN ACTION

「カラクリを教えてあげようか……」

――ジョン・ヘイウッド（英国の劇作家）

典型的な階層社会の一例として、エクセルシオ市の学校教育の現場を検証してみましょう。ピーターの法則がそこでどう作用しているか、ご理解いただけるでしょう。

そうすれば、あとはそれをあらゆる階層社会に当てはめて、階層社会学がいかに有益な学問かを知っていただくだけです。

有能、無能、まずまず有能

まずは、平の教師から見ていきましょう。分析の都合上、私はこの集団を「有能」「まずまず有能」「無能」という三つのグループに分けることにします。

統計学の裏づけもありますが、経験上からも、教師集団はこの三つのグループに均一にばらけるわけではないことがわかっています。つまり、大多数の教師は「まずまず有能」であり、少数の教師が「有能」と「無能」のグループに属することになるでしょう（次ページの図参照）。

ドロシー・D・ディトーの例を見ていきましょう。学生時代、彼女はとにかく言われたことをきっちりこなしました。彼女の書くレポートは、教科書や学術誌からの丸写しか、教授の講義内容をそのまま文章にしただけのものでした。

ディトーはとにかく指示されたことだけを忠実に行い、それ以上のこともそれ以下のこともしませんでした。彼女は学生としては有能とみなされ、エクセルシオ教育大学を優等で卒業しました。

教壇に立つことになったディトーは、大学で教えられたことをひたすら実践するだけで、始業と終業のチャイムのあいだ、教科書と教師用マニュアルを黙々となぞる授業を行いました。

彼女の仕事ぶりはまずまず及第点でした。ただ、規則や先例に当てはまらないケースが起こると、話はまったく別です。たとえば、水道管が破裂して教室の床が水びたしになったときでも、彼女は

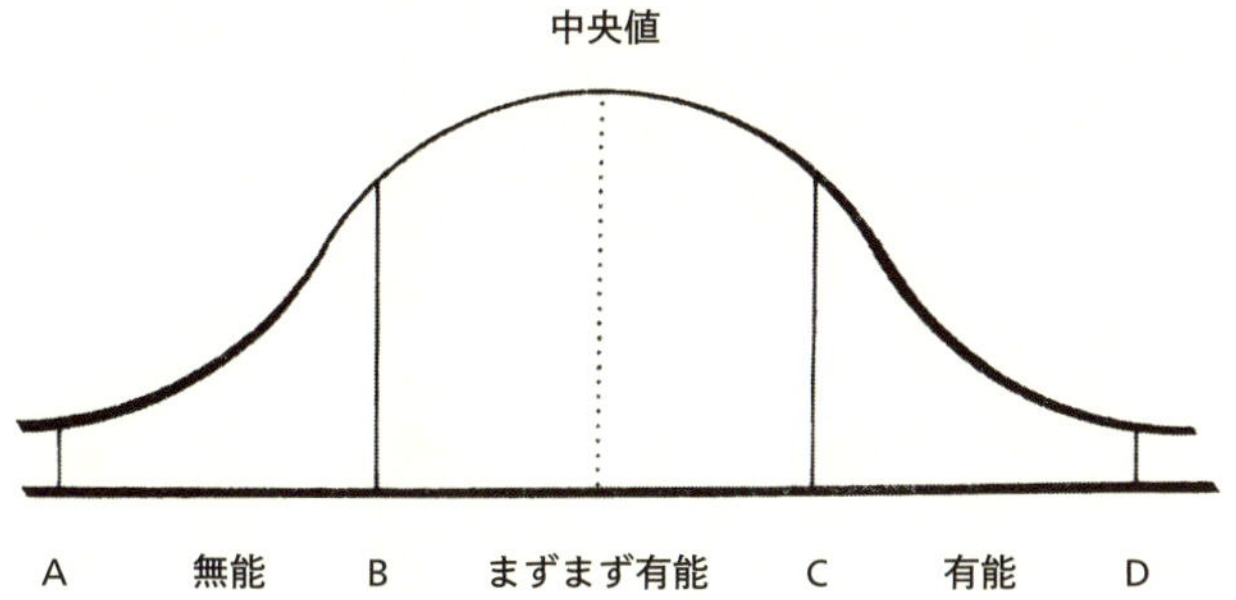

授業を平然と続け、最後は校長が教室に駆け込んで生徒たちを救いださなくてはなりませんでした。

「ディトー先生！　足まで水につかっているというのに、なぜ授業を続けているんです！」

彼女の返事はこうでした。

「でも、非常ベルが鳴っていませんよ。校長先生、ベルを鳴らしてらっしゃらないでしょ！」

とんでもない屁理屈にあきれ返った校長は、学校管理規則の一項に基づいて職務命令を発し、この急場をしのいで、ずぶぬれの子どもたちを校舎の外へ避難させたのでした。

この例でわかるように、規則を破るわけでも、命令に背くわけでもないものの、騒動を起こしてばかりの彼女に昇進の声がかかることはありません。学生としては有能だったけれども、教師としてはすでに無能レベルに達しており、彼女が教職の世界に留まるかぎり、ずっと平の教師のままなのです。

無能レベルが追いかけてくる

平の教師としては、大半の者が前ページの図のBからDに該当する「まずまず有能」か「有能」なので、昇進の候補者になります。次に、こうした人々を見てみましょう。

教科主任としては無能

優秀な学生だったN・ビーカーは、評判のよい理科の教師になりました。その授業と実験は、生徒の向学心をかきたてるものでした。生徒たちは協力的だったので、実験室の整頓も行き届いていました。ビーカーは事務的な仕事は不得手でしたが、教師としての実践で秀でていたので、上司たちは多少の物足らなさには目をつぶることができました。

ビーカーは理科主任に昇進し、実験室の備品の調達や大量の文書の整理という仕事をこなさなければならなくなりました。ここで彼の無能さが露呈します。ビーカーは三年もたて続けに、新しいガスバーナーを注文しながら、それに接続するガス管の注文を忘れていました。古いガス管が寿命を迎えると、使えるバーナーが減っていくなか、ガス管のない新品のバーナーだけが、むなしく棚の上でホコリをかぶっていくのでした。

ビーカーに次の昇進はありません。最後まで彼は無能ぶりをさらす役職で過ごすことになります。

「避難しなくていいんですか？」

「いま大事なところだから」

校長としては無能

ブラントは、学生、教師、教科主任として有能だった結果、教頭の座に就きました。そして教頭としても、教師や生徒や保護者と上手に対応し、職責を果たすのに必要な知識も立派に習得しました。そこで彼はさらに階層を昇り、校長になりました。

校長になるまでブラントは、学校評議員や教育長といった面々と直接いっしょに仕事をすることはありませんでした。ところが、こうした高位の役職の人々と仕事を進める手腕に欠けているという彼の弱点が、やがてはっきりしてきました。生徒同士のけんかの仲裁に割って入って、そのあいだ教育長を待たせ続けたり、病気で休んだ教師の代わりに教壇に立って、教育次長が主催する教育課程検討委員会をすっぽかしたりしてしまうのです。

また、校内の運営に専心するあまり、地元コミュニティの諸活動に注ぐべきエネルギーまで使い尽くしてしまいました。ＰＴＡ行事の企画責任者、地区連絡協議会の会長、有害図書追放会議の顧問といったポストへの就任要請を、彼はことごとく断わってしまったのです。

やがて彼の学校は地域のサポートを失い、教育長からもにらまれる結果になりました。ブラントは、地元からも教育委員会からも「無能な校長」という烙印を押されています。教育次長ポストに空きが出ても、教育委員会は彼を推挙することはありませんでした。ブラントは定年退職まで、ずっと不幸にして無能な校長のままでいることになります。

教育次長としては無能

次にR・ドライバーの例ですが、学生、教師、教科主任、教頭、校長と、それぞれの地位で有能ぶりを発揮した彼は、教育委員会の次長ポストに昇進しました。校長時代は、教育委員会の方針を汲みとり、学校現場で実行に移すだけでよかったのですが、教育次長となった今は、教育委員会の方針決定に参画するのが仕事になりました。しかも、その手続きを民主的に進めなくてはなりません。

しかしドライバーは、この「民主的な手続き」というのが大嫌いでした。自分は教育のプロだというプライドがあります。委員たちを前にして、教壇に立った教師のように講釈を垂れたかと思えば、職員を意のままに動かしてきた校長時代のように教育委員会を牛耳ろうともしたのです。

委員会はいまや、ドライバーを無能な教育次長と見ています。彼に次の昇進はありません。

教育長としては無能

G・スペンダーの例を見てください。学生、英語科教師、教科主任、教頭、校長の各ポストで有能さを発揮してきたスペンダーは、その後六年間、教育次長のポストもみごとに務めあげました。愛国心に富み、如才なく、穏やかな物腰の彼は人々に気に入られ、教育長へと昇進を果たしたのです。このポストでスペンダーは、学校財政の分野に首を突っ込まなくてはならなくなりました。しかし、彼は金勘定が大の苦手だということが判明するのです。教職の世界にあって、彼は一度もお金のことで頭を悩ませた経験がありませんでした。家庭でも、給与明細から家計までの一切合切、妻が財布のヒモを完全に握っていたので、彼は月々の小づかいをもらうだけの生活だったのです。

この段におよんで、スペンダーの財務に関する無知が露呈します。彼は、いかにも怪しげな会社から大量の教育機器を購入したのですが、案の定、その会社は売りつけた機器に使える教材を何も作らないうちに倒産してしまいました。また、その地域の教育放送は中学生向けのものしかなかったのに、すべての学校のすべての学年の教室にテレビを設置してしまいました。スペンダーは無能レベルに到達していたのです。

無能への道は一つにあらず

ここまで見てきたのは、直系組織内での「ライン的昇進」と呼べるものですが、これとは別に、ライン部門に助言や指導を与える役職への「スタッフ的昇進」という形態もあります。トットランドの例で説明しましょう。

指導主事としては無能

トットランドは学生時代も優秀で、小学校の教師としても非凡な女性でした。その彼女が、初等教育担当の指導主事へと昇進しました。つまり、彼女が教える相手は、小学生ではなく、小学校の教師になったのです。しかしトットランドは、小さな子どもに対して有効だった教授法で指導を続けました。

教師と一対一で話すときも、グループに語りかけるときも、彼女はゆっくりと、噛んで含めるような話し方をしました。小さい子でも理解できるような単純な言葉ばかりを使い、大事な点は表現を変えて説明を繰り返し、理解が徹底するようにします。そして笑みを絶やしません。

指導を受ける教師たちは、トットランドのわざとらしい愛想のよさや恩着せがましい物腰を嫌っています。彼女への反発心は非常に強烈で、彼らはトットランドが勧める方法を実践するどころか、その方法を採用できない言い訳ばかりを考えるようになりました。

結局、トットランドは教師たちとのコミュニケーションに失敗しているわけで、無能状態にあります。となれば、もうこのあとの昇進はなく、初等教育担当の指導主事という彼女なりの無能レベルに留まり続けることになるでしょう。

例外はないのか？

これらと同じような例は、あらゆる階層社会に共通に見つかるものです。あなたの職場を見渡して、無能レベルに達してしまった人を探してみてください。有能な人物も、階層を昇り続けて、最後は無能に達してしまうのです。鏡を見てください。そこに映っている人は……大丈夫でしょうか？

「ちょっと待った！　この法則にも例外はあるんだろ？　かいくぐる方法がなきゃ変だろ？」

あなたはそうお尋ねになりたいわけですね？　いいでしょう。次の章で、その問いに答えていくことにしましょう！

3 ついに例外は発見されなかった

擬似昇進の研究

APPARENT EXCEPTIONS

「形勢不利と見るや、被告は異議を唱え、陪審員への影響を最小限にとどめようとする」
——ジョン・ドライデン（英国の詩人）

ピーターの法則を聞いても、これを素直に受け入れたくないと思う人が少なくありません。なんとか階層社会学の欠点を見つけようと必死になり、なかには実際に見つけたと考える人もいるようです。でも、ここで警告しておきます——見かけだけの例外にだまされてはいけません。

見かけだけの例外1――強制上座《かみざ》送り

「ウォルト・ブロケットの昇進はどう説明がつくんだ？　ヤツは絵に描いたような無能でお荷物だったから、経営陣は上のポストに祭り上げたんじゃないのか？」

これはピーターの法則に当てはまらないのではないかということで、よく受ける質問の一つです。この現象から詳しく見ていきましょう。ちなみに、私はこれを「強制上座送り」と呼んでいます。

まずは質問です。ブロケットは無能なポストから有能なポストへ異動したでしょうか？　答えは「ノー」です。彼はたんに、生産性の低いポストから別の生産性の低いポストに移されただけです。また彼は今の地位で、以前より大きな責任を負うことになったでしょうか？　「ノー」です。彼は新しいポストで、以前より多くの仕事をこなすことになるでしょうか？　やはり答えは「ノー」です。

強制上座送りは「擬似昇進」なのです。周囲にはその真意がわかるのに、ブロケットのような社員のなかには「出世だ！」と喜んで、疑うことを知らない者もいます。しかし、擬似昇進の主たる狙いは、階層社会の外にいる人間を欺《あざむ》くことです。はたで見ている人をだませれば、作戦は大成功というわけです。

しかし、目の肥えた階層社会学者はだまされません！　階層社会学的に言えば、昇進と認めてよいのは、有能さを発揮していたポストからの異動に限られるのです。

強制上座送りの効能

では、強制上座送りがうまくいった場合、どんな効果があるでしょうか？

ブロケットの上司キックリーがまだ有能なのであれば、彼はブロケットを祭り上げることで、まんまと三つの目的を遂げることになります。

① 自分が行った人事の失敗をカムフラージュすることができます。もしブロケットが無能だったと認めてしまえば、「キックリーもキックリーだ。そもそもブロケットをあのポストに就けたこと自体が間違いだったんだ」と非難されかねませんが、強制上座送りによって、ほかの社員や外野の人間の目には（階層社会学者は見抜きますが）、これまでの人事は妥当

だったと映ることになります。

② 部下の勤労意欲を保つことができます。「ブロケットでも出世できるのだから、俺にだってチャンスはある」と考える人間が出てくることは想像に難《かた》くないでしょう。一人を上のポストに祭り上げるだけで、おおぜいの社員の鼻先にニンジンをぶら下げる効果があるのです。

③ 自分のいる階層社会を維持できます。いくらブロケットが無能でも、キックリーは彼をクビにはできません。もしブロケットをライバル企業に持っていかれた場合、彼が握っているノウハウは、キックリーの会社にとって大きな脅威となる可能性を秘めているからです。

組織の上層部は死屍累々《ししるいるい》

階層社会学によれば、大きな組織の上層部には、立ち枯れた木々のように無能な人々が積み上げられていることがわかっています。組織の上層は、祭り上げられた者と、これから祭り上げられる予備軍とであふれ返っているのです。ある大手家電メーカーには副社長が二三人もいるということです!

本社ビルの機能

WBC（ウェイヴァリー放送社）といえば、その制作部のユニークさで評価の高い放送局ですが、じつはこの特長を支えているのが強制上座送りなのです。WBCは、創造力のかけらもない非生産的な余剰人員を、惜しみなくお金を投じて建設した王宮のような本社ビル内の部署に配置転換したばかりです。

その本社ビルには、テレビカメラもマイクも通信機器もまったくありません。実際、いちばん近いスタジオまでかなりの距離があります。本社勤務の人間は、報告書をまとめたり、フローチャートを書いたり、互いにアポイントを取り合ったりと、狂おしいばかりに多忙です。

先ごろ、本社の合理化策の一環として、上級管理職の構成を見なおすことになりました。その結果、これまで四人だった副社長は八人となり、さらに一人の社長補佐代行が誕生しました。

こんなわけで強制上座送りは、社員の頭のまわりをブンブン飛び回るじゃまな虫を追い払ってくれる効果があります。

見かけだけの例外2——水平異動

「水平異動」も擬似昇進の一種です。階層を昇るでもなく、しばしば給料も据えおかれたままで、無能な社員が新しく長ったらしい肩書きを与えられて、社内の隅っこの部屋に仕事場を移されるというものです。

複雑な仕事

R・ファイルウッドは、文具メーカーのカードリー社の総務部長として無能ぶりを露呈してしまいました。水平異動人事によって彼は、社内の回覧文書のコピーのそのまたコピーをとってファイルする仕事を監督する「社内コミュニケーション統合部長」という役職に就くことになりました。

民族大移動

自動車部品メーカーのホイーラー社は、ほかに例を見ない徹底ぶりで水平異動を展開しています。

地方に多数の営業所をもっていますが、最近の人事異動で、二五人の上級取締役が「地域統括副社長」となり本社から姿を消しました。また、同社はモーテルを一軒買収して、一人の重役にその経営を命じました。仕事のない別の副社長は、もう三年間も社史の編纂《へんさん》にかかりっきりです。

大きな組織ほど、水平異動が容易に行えるというのが、私のたどりついた結論です。

だれを管理するの？

ある官庁の小さな部署で、八二人の職員全員が、別の部署に配置転換になりました。高給の恵まれた待遇で一人残された管理職は、何もすることがなく、部下が一人もいない状況に置かれています。これは階層構造的には、頂点の冠石があっても下を支える礎石がない宙ぶらりんのピラミッド状態と言えます。

このような興味深いケースを、私は「管理職の空中浮遊」と名づけています。

見かけだけの例外3——ピーターの本末転倒

酒の販売が政府の専売事業になっている国を、私の友人が旅していたときの話です。帰国する直前、彼は政府直営店でこう尋ねました。

「土産にお酒は何本まで持ち帰れるの？」

店員の返事はこうでした。

「国境の税関職員に聞いていただかないとダメですね」

友人は食い下がりました。

「いま知りたいんだけどなあ。上限いっぱいまで買いたいけど、買いすぎて没収されるんじゃ、つまらないから」

「税関規則なので、そう言われても困るんです」

「だけど、知っているんでしょ?」

「知っています。でも、その規則は私どもの管轄ではないので、私の口から言うわけにはいきません」

こんなふうに「私から申し上げるわけにはいきません」と言われた経験はありませんか? 相手が知りたがっている答えを知っているのに、なんだかんだと理由をつけて教えてくれないお役人は珍しくありません。

規則ですから

昔、教授として新しい大学で教えることになった際、私は大学の給与課が発行する特別なID（身分証明書）を受け取りました。そのIDがあれば、大学の書店で小切手を現金化できることになっていました。そこで私は本屋に出向いてそのIDを提示し、アメリカン・エキスプレス発行のトラベラーズ・チェックで二〇ドルを換金してほしいと頼んだのです。

店員の返事は、「私どもは給与小切手か個人小切手しか現金化しません」というものでした。

「でも、トラベラーズ・チェックは個人小切手よりも信用が高いんだよ。給与小切手より高いくらいさ。こんなIDがなくたって、どんな店でも現金に換えてくれるっていうのに。ほとんど現金と同じだよ」

「ですが、これは給与小切手でも個人小切手でもないので……」

レジの店員はゆずりません。

さらに押し問答があった末に、私は店長を呼んでもらいました。彼は私の話を最後まで聞いてくれたものの、気のない表情で最後にピシャリと言ったのでした。

「私どもはトラベラーズ・チェックの現金化はしておりません」

病院に話題を移しましょう。病院が、事故でケガをした人をすぐに治療せず、まず山ほどの書類に必要事項を記入させることはよく知られています。「起きてください！　睡眠薬を飲む時間ですよ」と言う看護師の話も聞いたことがあるでしょう？

アイルランド人のマイケル・パトリック・オブライエンの話を本で読んだ方もいらっしゃるでしょう。彼は一カ月ものあいだ、香港とマカオを結ぶ連絡船で「往復ビンタ」の憂き目にあいました。書類を間違ったために、どちらの港の入国審査でもひっかかってしまったからですが、香港側もマカオ側も正しい書類を発行しようとはしなかったのです！

裁量権を持たない低い地位の者にとりわけ顕著ですが、書類がちゃんと埋まっているかどうかに執拗にこだわる役人が多すぎます（記載内容に意味があるかどうかは関係ないのです）。彼らには、慣習化した不文律からの逸脱は、どんな些細《ささい》なものでも許しがたいのです。

目的より手段が大事

私は、このような行動パターンを「職業的機械反応」、そういう行動をする人を「職業的機械人間」と名づけています。職業的機械人間にとっては、明らかに目的よりも手段が意味を持つのです。書類そのもののほうが、本来その書類が必要とされている理由よりも大事なわけです。

こうした機械人間にとって、世の人々は親切に助けてあげる対象などではありません。それどころか、形式、儀礼、自分の所属する階層社会、そして自分自身を維持していくための格好の材料でしかないのです！

職業的機械人間は、顧客や患者や被害者の視点から見れば、無能に思えます。ですから、読者のみなさんが次のような疑問を持ったとしても不思議ではありません。

「どうしてこんなにも多くの職業的機械人間が出世できるんだ？　この人たちにピーターの法則は当てはまらないのか？」

この質問に答える前に、逆に一つ質問をさせてください。

「有能かどうかの判定を下すのはいったいだれなのでしょう？」

無能な上司は無能な部下を昇進させる

社員が有能か無能かを決定するのは、外部の人間ではなく、その組織の内部にいる上司です。もし上司が有能なら、部下の労働の成果を見て評価するでしょう。たとえば、治療を適切に行ったとか、ソーセージを作ったとか、テーブルの脚を取りつけたとか、組織の目的の達成に向けて何をしたかが問われます。つまり、有能な上司はアウトプット（生み出したもの）で部下を評価するのです。

しかし、無能レベルに達してしまった上司の場合は、組織の自己都合という尺度で、部下が有能かどうかを判断します。つまり、組織の規則や儀礼や様式を支える行動こそが有能のあかしとされるわけです。迅速であること、丁寧であること、年長者に礼儀正しく接すること、社内文書を適切に処理できることなどが高く評価されます。つまり、無能な上司は部下をインプット（取り入れたもの）で評価するのです。

「ロックマンは頼りになる」

「ルーブリックは業務の円滑な運営に貢献している」

「ルターは几帳面なヤツだ」

「トラッジェンの仕事は堅実で安定している」

「フレンドリーは同僚と協調してよくやっている」


このような例では、組織と調和していることのほうが、提供した仕事の内容よりも高く評価されています。これが「ピーターの本末転倒」の意味するところです。職業的機械人間は、「ピーターの本末転倒人間」と呼んでもよいでしょう。目的と手段の関係をみごとにひっくり返してしまっている人たちなのです。

これで、先に紹介した本末転倒人間たちがとった行動の謎が解けましたね！

もし政府直営店の販売員が税関の規則をその場でさっさと教えたら、旅行者は「親切な店員だ」と思いますが、上司のおぼえは悪くなります。

もし本屋のレジの店員がトラベラーズ・チェックの換金に応じてくれていたら私は大助かりでしたが、店長は間違いなく彼の越権行為を非難したでしょう。

本末転倒人間の昇進

ここまで見てきたように、ピーターの本末転倒人間（またの名を職業的機械人間）には、自主的に判断を下す能力がありません。常に組織のルールや上司の指示に従うだけで、決断はしません。これが階層社会では有能と判断されます。したがって、本末転倒人間は昇進の対象になるのです。彼は昇進を続けることでしょう。ただし、不幸な昇進によって、自分で決定を下さなくてはならなくなったときが年貢の納めどきです。そこで彼は無能レベルに到達することになるわけです。*

つまり、職業的機械人間もピーターの法則の例外ではないということになります。

私は学生たちに、常々こう言っています。

「有能か無能かは、見る人次第で変わる。善悪の観念もそうだし、美意識だってそう。ついでに言えばコンタクトレンズもそうだ。どれもこれも、見る人の眼のなかにあるんだから！」

＊ 昇進した先で本末転倒人間が些細な決定を下す場面を、私は二つ目撃しています。①規則の徹底を強要するための決定。②既存のルールが想定していなかった瑣末《さまつ》な状況に対応するための決定。しかし、こうした決定は本末転倒ぶりを強化するものでしかありません。

階層的厄介払い

見かけだけの例外4

次に、素人の観察者にとって最も納得がいかないケースを取り上げることにします。それは、聡明で生産性の高い人物がまったく昇進できないどころか、クビになってしまうという現象です。まず、いくつか例をあげて、そのあとで解説していくことにしましょう。

生徒を本好きにするなんて……

エクセルシオ市では、新規採用の教師に対して一年間の試用期間を設けています。K・ブックマンは、英文科の学生として実に優秀でした。彼は英語教師としての試用期間に、古典文学や現代文学など、自分の文学への熱い想いを生徒たちにも共有させました。生徒のなかには、エクセルシオ市立図書館で利用者登録をする者や、書店や古本屋に頻繁に足を運ぶ者も出てきました。

そして、好奇心が旺盛になった生徒たちは、エクセルシオ市が学校図書として認めていない本をたくさん読むようになったのです。

そのことに怒った保護者や、厳格な二つの教派の教会関係者が教育長を訪ね、「子どもたちが有害図書に夢中になっている！」と詰め寄りました。その結果、ブックマンは、「来年度は契約

を更新しない」と申し渡されてしまいました。

粘土やおはじきを使わないなんて……

同じく試用教員のC・クリアリーの場合、最初の勤務場所は、知的障害児のいる特別支援学級でした。「あまり張りきりすぎないで」と忠告されていたにもかかわらず、彼は自分にできることを骨惜しみせずに教えました。そして一年たってみると、統一学力テストの読解と算数の分野で、クリアリーが受け持ったクラスが普通学級よりも高得点を取るようになっていました。

そんな彼が解雇されてしまったのです！　その理由は、知的障害児たちに推奨されているビーズづくりや砂場遊びなどを全部さぼった、というものでした。確かに彼は、エクセルシオ市教育委員会がわざわざ購入した粘土やおはじきやフィンガーペインティング用の絵具などを活用していませんでした。

次の学年のことまで教えるなんて……

小学校の試用教員E・ビーバーは、非常に知的水準の高い人物でした。彼女は経験こそなかったものの、能力差のある生徒たちをどう指導するか、学生時代に学んだことを活かして授業で実践しました。その結果、彼女のクラスの優秀な生徒たちは、一年間で二〜三年分の学習を終えてしまったのです。

校長はビーバーに対して、次年度以降の本採用には推薦しかねる旨を丁重に告げました。学校の制度に混乱をもたらし、指導要領に準拠しない授業を行い、次年度以降のカリキュラムに適応できない生徒を生み出してしまったからです。ビーバーは、成績評価の内規を無視し、教科書配布システムをめちゃくちゃにしただけでなく、新しい学年で授業を担当する教師に、もう教えることがないという深刻な悩みを与えてしまったのです。

有能すぎる者の不幸

以上の事例が示すことは、たいていの階層社会にあっては、有能すぎる者は無能な者よりも不愉快な存在だということです。

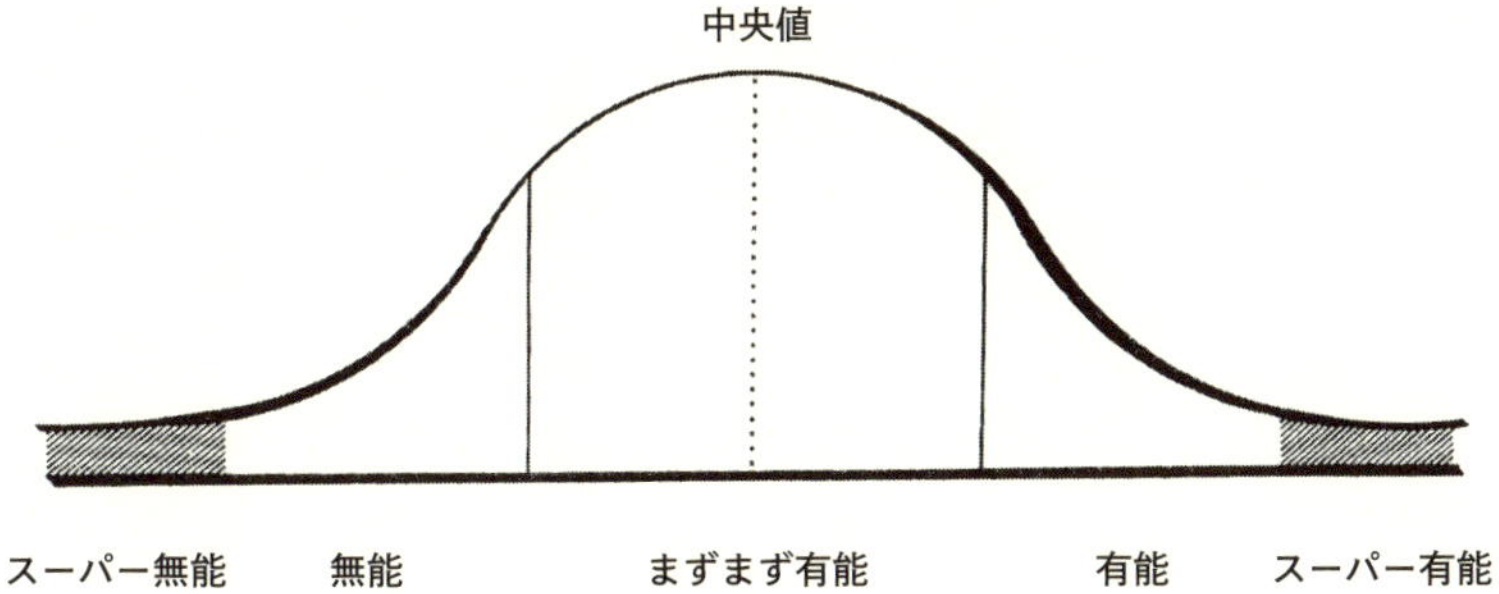

通常の無能人間は、これまで見てきたとおり、クビの対象にはなりません。たんに出世できないだけです。ところがスーパー有能人間は、解雇されてしまうことが少なくありません。なぜなら、スーパー有能人間は階層社会を崩壊させ、それゆえ、「階層は維持されなければならない」という「階層社会第一の掟《おきて》」に違反するからです。

第2章で私が従業員を三つのグループ（有能・まずまず有能・無能）に分類したのをご記憶でしょうか。しかしあのとき私は、単純なほうがよいと思って、分布曲線の両端をカットしていたのです。完全な分布曲線は、さらに二つのグループが加わって、上の図のようになります。

グラフの両端にある二つのグループ――スーパー有能とスーパー無能――は、どちらも同じように解雇の対象になります。通常この二つのグループの人間は、採用されて間もなく、どうしても見過ごすことのできない同じ理由でクビになります。つまり、階層社会をめちゃくちゃにしてしまうという理由です。階層の両端を切り落とすことを、「階層的厄介払い」と呼びます。

スーパー無能な人たち

有能すぎる人たちがたどる運命についてはすでに見たので、こんどはスーパー無能な人たちの例を追加しましょう。

できることは何？

ソーシャーは、ローマーク・デパートの家電売り場の販売員として採用されました。当初から彼女の販売成績は社員平均を下回っていました。しかし、これだけなら彼女はべつにクビにはなりません。平均以下の販売員なら、彼女以外にもたくさんいるからです。

しかし、彼女の売上管理は、あきれ返るようなひどさでした。レジの打ち間違いは言うにおよばず、ライバル店のクレジットカードで支払いを認めてしまったり、複写式の売上伝票にカーボン紙を裏返しにはさんでしまい、お客様控えの裏面には裏返った文字が写って、店の控えはただの白紙だったりといった失敗さえ、たびたび犯すのでした。

しかし、それに輪をかけてひどいのは、上司に対する礼儀を知らないことでした。彼女は一カ月で解雇されました。

そこまで言ったらおしまい

W・カークはプロテスタントの牧師ですが、神の本質、聖礼典の有効性、キリストの復活、死後の世界といったテーマにおいて、教派の教義とは激しく対立する急進的な神学観を持っていました。厳密に言えば、その段階でカークは、教区民が期待する説教ができない無能レベルにあったことになります。もちろん、彼は昇進することなどありませんでしたが、数年間はそのポストに留まりました。

その後、カークは一冊の本を書きました。教会のくだらない階層制を批判したその著書のなかで彼は、「教会にも課税すべし」という主張を、詳細な根拠とともに展開しました。また、「教会は、ホモセクシュアル、薬物の乱用、人種差別といった社会問題にもしっかりとした認識をもって取り組むべきだ」と訴えたのでした。彼はこの瞬間、無能から一気にスーパー無能の世界に足を踏み入れ、すぐに解雇されたのでした。

階層的厄介払いの憂き目にあうスーパー無能人間は、次の二つの決定的な特徴を持っています。

① 生産するものがない（アウトプットの問題）。
② 階層の内部基準に従った行動ができない（インプットの問題）。

厄介払いを逆手にとれば……

さあ、どうでしょう。スーパー有能もスーパー無能も、典型的な階層社会ではどちらも目障りな存在だということをご理解いただけたでしょうか？

階層的厄介払いにあう者も、ほかの社員と同様にピーターの法則の支配下にあることをわかっていただけたのではないでしょうか？

彼らがほかの人間と一つだけ違うところは、彼らだけが解雇の対象になるという点です。

あなたは、今の仕事をやめたいという願望を持ってはいませんか？　兵士のみなさん、教師のみなさん、会社員のみなさん、あなたは望んだとおりの仕事をできていますか？　それともあなたは、組織の内規や家族の重圧に屈した犠牲者ですか？　計画性と決断力次第で、あなただってスーパー有能ないしスーパー無能になれるのですよ……。

――見かけだけの例外5――親の七光り人事

昔ならば、ファミリー企業のオーナーは、わが子を一般の従業員のように扱うのがふつうでした。社長の息子も、階層のいちばん下からスタートして、ピーターの法則に従って地位を昇っていったものです。会社の階層を維持したいというオーナーのこだわり、効率的で収益性の高い会社にした

親の七光り人事

いという願い、そして毅然とした正義感が、わが子への自然な愛情よりも強かったのです。

ところが、なかには、息子を一段ずつ昇進させるのではなく、いきなり管理職に登用してしまうオーナーもいないわけではありません。どうせいつかは息子を後釜に座らせ、会社の全権をゆずり渡すのだから、と考えるわけです。こうした人事を、「親の七光り人事」と呼びます。

七光り人事の方法は、おもに二つです。

① 今いる社員を「水平異動」や「強制上座送り」によって解雇ないし異動させ、後釜に座る人間のために空きをつくります。これは、次に述べる第二の方法ほど頻繁には見られません。後任者が怨みつらみを買いやすいからです。

② 登用される人間のために、新しい役職、それもインパクトのある肩書きの役職を新設します。

親の七光り人事への反発

親の七光り人事というのは、階層社会にあまねく存在する現象のささやかな一例にすぎません。つまり、階層社会では、何らかの条件に恵まれた個人は、階層のいちばん下からではなく、上のほうの階層からいきなり参入するものなのです*。

新しい人材を高位の役職にはめ込むことで、生産性が向上する場合もあります。ですから、親の七光り人事は、社外の人間の目には必ずしも悪いものとは映りません。

しかし、親の七光り人事に、社内の反発は必至です。実際、労働者というのは、自分がこれまでの昇進を手に入れてきた過程、そしてこれからさらに昇進していく過程をしみじみ愛おしく思うものなのです（ピーターの愛着）。ですから、異なる方法が採用された人事には心穏やかではいられないわけです。

現代版「親の七光り」

最近では、自分の息子を意のままに管理職に登用できるようなファミリー企業は少なくなってきました。それでも、親の七光り人事はあいかわらず存在しています。ただ、親の七光りとはいうものの、人事の恩恵にあずかる者が、必ずしもその任命権者と血縁関係にないケースが増えてきているのです。次に、その典型的な例を紹介してみます。

友情は永遠

エクセルシオ市の保健衛生局長A・ピュアフォイは、今年度の予算が予想外に余ってしまうことに気がつきました。伝染病も流行《はや》らなかったし、例年なら堤防が決壊して汚泥で排水設備に打撃を与えるエクセルシオ川も今年はおとなしく、加えて保健担当と衛生担当の二人の局次長が熱心かつ有能で、いつも経費節減を心がけていたためです。

せっかく組まれた予算を使わなかったら、何か迅速に手を打たないかぎり、来年度の予算は削られてしまうとピュアフォイは考えました。

そこで彼は、ゴミの削減と市の美化計画を担当する三人目の局次長ポストを新たに設けることにしたのです。ピュアフォイはその任に、母校で経営学を学んだ後輩のW・ピックウィックという若手をあてることにしました。

するとピックウィックは、ゴミ減量監督一名、ゴミ検査員六名、女性の事務員三名、そして広報担当一名、計一一名のスタッフを新たに雇ったのです。

広報担当となったN・ワーズワースは、児童・生徒向けに作文コンクールを企画し、大人を

＊ 階級制のもとで階層社会がどう機能しているかについては第7章で詳しく述べます。

対象としたテーマソングとポスターの公募を行ったほか、ゴミ削減と美化運動の推進を訴える二本の映画を外注しました。制作を担当することになったのはフリーの映画プロデューサーで、彼はワーズワースとピックウィックとは大学の演劇部で同じ釜の飯を食った間柄でした。

事はすべて順調に運びました。局長のピュアフォイは、予算を超える支出を報告することになり、次年度の予算枠の拡大に成功したのです。

ありがたい親代わり

今日では政府や役所が、ありがたい父親の代わりをしてくれています。政府や役所は、新しい目的をあれこれ掲げては予算を支出します。たとえば、環境汚染対策、貧困追放、識字率向上、一人暮らしのお年寄りの支援、犯罪撲滅、あるいは文化的に不利益を被った人々のレジャーとしての惑星間宇宙旅行の可能性を検討するための調査などです。

予算が組まれたら、ただちにその予算を使い切る方策を講じなくてはいけません。すると、それを担当する新しいポストが生まれます。貧困追放運動企画調整主任、就学前幼児教育企画責任者、図書選定アドバイザー、高齢者介護検討委員会座長など、さまざまな肩書きのポストができるでしょう。そこに収まるべく、だれかが引っぱってこられます。役目を立派に果たすかどうかはさておき、そのポストはとにかく埋められることになるのです。

親の七光り人事ではめ込まれた者は、その問題を解決することもあれば、解決しないこともあるでしょう。しかし、そんなことはどうでもいいのです。肝心なのは、その人間が予算を使い切りたがる人物かどうか、そして実際に予算を使い切ることができるかどうかという一点だけなのです。

ピーターの法則に死角なし！

こうした人的配置はピーターの法則に合致するものです。とにかくポストが埋まるなら、その人間が有能か無能かは問いません。親の七光り人事で登用された人間がその職責を果たしたなら、彼は昇進の対象となるので、もっと高い地位で彼なりの無能レベルに行きつくことになります。

――そろそろ結論です

見かけだけの例外は、しょせん見かけだけにすぎません。階層社会で働く人間は、だれ一人としてピーターの法則の支配から逃れられない運命なのです。

4

能力によらない昇進

引きと昇進

PULL & PROMOTION

「長い引き、強い引き、そして圧倒的な引き」

——チャールズ・ディケンズ（英国の作家）

ピーターの法則が不変にして普遍であることを理解したあなたは、こんどは自分がいつ昇進できるか知りたくなったことでしょう。この章と次の章で、そのご要望に応えていきます。

まずは、引きによって昇進が早まるケースを見ていきましょう。

引きとは何か？

引きとは、従業員が――血縁や婚姻関係や親交によって――階層内の上司とつながりを持つことを言います。

引きとねたみ

引きによる昇進は、自分以外の人が対象の場合、だれしも苦々しく思うものです。同僚たちは引きの恩恵を得る者（「引かれ昇進者」と呼びます）が気に入らず、「無能なくせに！」と悪口を言ったりするものです。

ねたみに理屈なし

W・キンズマンがエクセルシオ市の教育長になると、彼の娘婿のL・ハーカーが音楽の指導主事に登用されました。すると教師たちから、この人事に対して非難の声があがりました。ハーカーは耳が不自由だというのです。年功序列というインプットの観点に立てば、当然そのポストにはD・ローンが就くべきだったと反対派は主張しました。

しかし、そのD・ローンはといえば、うんざりするほどの期間、うんざりするほど多くの児童合唱団や児童オーケストラを聴いてきたので、音楽も子どもも大嫌いになっていました。そのため、D・ローンが音楽の指導主事に就いたところで、アウトプットの観点からは、明らかにハーカー同様、無能の烙印を押されたことでしょう。

この例が示すように、教師らの反発は、実際にはハーカーの無能にではなく、昔からの年功序列制度に従わなかったことに対して向けられたものだったのです。

階層社会で働く人々は、じつは無能に対して反発を覚えているのではありません（ピーターの逆説）。引きにあずかる者へのねたみを隠すために、「無能なヤツ！」と悪態をついているだけなのです。

引きを手に入れるには

みなさんのなかには、引かれ昇進者とはどんな経歴の持ち主か、そして能力が同じでも引きを持たない人間とどこが違うのかを知りたくなった人もいるでしょう。そこで私の研究結果をご報告しましょう。

将来、引かれ昇進者の仲間入りをしたい人に役立つアドバイスは、次の五点に集約できます。

1　パトロンを見つけよ

パトロンとは、階層内であなたより上位にいて、あなたの昇進に力になってくれる人をいいます。だれがそうした力を持っているかを見きわめるには、しっかり情報収集する必要があります。

あなたは、自分の出世を左右するのは直属の上司が書く勤務評定だと考えているかもしれません。それはある意味で正しいでしょう。しかし経営陣は、あなたの上司がすでに無能レベルに行きついてしまっていることに気づいているかもしれません。もしそうなら、勤務評定に何が書かれていても気にも留めないはずです。ですから、表面的なことで一喜一憂してはいけません。「ちゃんと調べよ、さらば見いださん」ということなのです。

2　パトロンには動機を与えよ

パトロンにしても、あなたを助けることで何かしら得るものがあるとか、助けないと何かを失うというのでなければ、あなたの昇進に尽力する気にはならないでしょう。「力を貸そうとしないパトロンはパトロンではない」ということです。

調べてみると、動機づけの方法には、スマートなものから汚いものまで多くの事例が見つかりました。ここではあえて紹介しませんから、どんな動機づけが考えられるか、みなさんそれぞれが考えてください。このテストには「ピーターのふるい落とし」と名前をつけましたが、何も動機づけが思い浮かばないようなら、すでにあなたは無能レベルに達していることになるので、私からのどんなアドバイスも無駄だということになります。

3　はい出せ！　はい上がれ！

あなたは飛び込み用プールの踏切台にのぼろうとしています。はしごを途中までのぼったところで、先にのぼり始めたのにおじけづいてしまったダイバーが上方にいて、行く手をさえぎっています。彼は両目をつぶって手すりにしがみつき、降りようとも、のぼろうともしません。あなたには彼を追い越す方法がありません。こうなってしまうと、踏切台からどんなに励ましの言葉をかけたところで何の助けにもなりません。

同様のことが職業の階層にも起こります。あなたがいくら努力しても、またパトロンがどんなに必死にあなたを引き上げようとしても、あなたのすぐ上のポストが、無能レベルに達した「特大つけもの石」なる人物でふさがれてしまっていては、どうにもならないのです。この苦況を私は「ピーターの難所」と命名しています。

プールの話に戻りますが、もし踏切台にたどりつこうと思ったら、あなたは、先が詰まってしまったはしごから一度降りて、反対側にかかっている別のはしごに移り、じゃまされずに頂上までのぼっていくべきです。

仕事の世界で階層を昇っていくためには、特大つけもの石の下から逃れて、難所のない昇進ルートに軌道修正するのです。この方法は「ピーターの急がば回れ」と呼ばれます。「開けた道ほど進みやすい道はない」ということです。

しかし、「ピーターの急がば回れ」に時間と労力を費やす前に、自分が本当に「ピーターの難所」にいるのかどうかを確認することが大切です。つまり、あなたのすぐ上にいるのが本物の特大つけもの石なのか、見きわめが必要なのです。まだ昇進しそうなら、彼はつけもの石ではありませんから、避ける必要はありません。ちょっとだけ我慢して待ってみることです。彼が出世すれば、おのずと道は開け、引きの力が発揮される可能性が生まれます。

すぐ上の上司が特大つけもの石かどうかを確実に見抜くには、医学的および非医学的に「終点到達症候群」が彼に見受けられないかチェックしてください。「終点到達」と「終点到達症候群」については、第11章と第12章で詳しく述べることにします。

4　見切りは早めに！

一人のパトロンがあなたのためにできることには限界があります。例をあげれば、熟練の登山家は未熟な登山家を自分のいる高さまで引き上げることはできます。しかし、さらに上まで引き上げるためには、自分もさらに高いところまで登らなくてはなりません。自分の位置より高いところに引き上げることはできないのです。ということは、パトロンがもう今より上に行けないとなったら、引かれ昇進者は新たなパトロンの引きに頼るしかないということです。

ですから準備を怠ってはいけません。ころあいを見はからって、より高い地位のパトロンに鞍《くら》替

昇進につながるのはどっちの道？

えすることです。「新しいパトロンに勝るものなし」です。

5　複数のパトロンを持て！

パトロンの数が増えるごとに、引きの効果は倍増していきます。それは、彼らがあなたのことを話題にするたびに、互いにあなたの長所を補強し合い、あなたのために一肌脱いでやろうという思いが強固にされるからです。パトロンが一人しかいなければ、このような効果は期待できません。

「パトロンの多さが昇進を確実にする」のです。

「複数のパトロンによる引きの総量は、それぞれのパトロンによる引きの合計に、パトロンの数を乗じたものに等しい」（ハルの定理）

待っていてはいけません

これらのヒントに従えば、あなただって引きを手に入れられます。そして、引きはあなたの階層内での昇進を早めてくれます。そう、あなたが無能レベルにいち早く到達するのをアシストしてくれるわけです！

5 がむしゃらな昇進の追求

押しと昇進 PUSH & PROMOTION

「君が落ち込むと皆が巻き込まれるが、
君のゴリ押しにはだれもついていかない」

次に、押しが階層社会での昇進にどんな威力を持つか見てみましょう。

押しの働きについては、はなはだしい誤解がまかり通っています。その大きな原因は、昇進の手段として押しが非常に有効だとアルジャー[*1]がしつこく強調してきたからです。彼が熱心に説いた非科学的で誤謬《ごびゅう》に満ちた主張と、それが階層社会学の発展にとって負の遺産となったことを心から嘆かなくてはなりません。

ピール[*2]もまた、押しの効能を過大評価しているきらいがあります。

――押しで勝負する人への警鐘

私の研究では、押しという上昇志向の力は、年功序列という圧力の前でつぶされて無力なものにされてしまいます。つまり、引きのほうが押しより強力だということです。引きが年功序列に屈しないケースはたびたび見られますが、押しの場合はまず見かけません。

押しだけでは、「ピーターの難所」から逃れることはできませんし、「ピーターの急がば回れ」を成功させることもできないでしょう。引きに頼らずに「急がば回れ」を敢行すれば、上司から「長続きしないヤツだ」とか「根気がない」などと切り捨てられるのがオチです。

さらに、押しでアピールしたところで、最終到達レベルが変わるわけでもありません。攻めのタイプも、控えめなタイプも、すべての人間がピーターの法則の支配下にあって、遅かれ早かれ無能レベルに落ちつくのを回避することなどできないからです。

勉強や自己啓発もほどほどに

押しは、勉強や職業訓練、あるいは自己啓発への並々ならぬ関心というかたちをとって表れることがあります。まれにですが、こうした訓練によって有能さに磨きがかかり、昇進が多少早まることもあるでしょう。特に規模の小さな組織では、その可能性があります。しかし巨大組織では、年功序列が幅をきかせているので、効果はほとんどありません。

勉強や自己啓発に熱心なことは、むしろマイナスの効果をもたらすという見方もできます。つまり、新たに有能な分野が開拓されれば、無能レベルに達するまでに、余計に多くのステップを踏むはめになるからです。

外国語を勉強したばかりに

B・セラーズは、エクセルシオ・マットレス社の地方支店で働く有能なセールスマンで、一生懸命勉強した結果、外国語の習得に成功したとします。すると彼は、海外支店での営業部員としていくつかのポストに就かなくてはならなくなります。それからでないと、晴れて本国に戻り、最終ポストたる営業部長として無能の座に就けないわけです。勉強に精を出したことによって、セラーズの昇進計画は迂回ルートをたどることになったのです。

＊1　ホレーショー・アルジャー・ジュニア（一八三二―一九九）立身出世の人物伝を多く著した著述家。著書に『めざせ昇進』『ゆっくりでも確実に』など多数。
＊2　ノーマン・V・ピール（一八九八―一九九三）牧師、著述家。著書に『積極的考え方の力』など多数。

私が判断するところ、勉強や特訓は、プラスとマイナスの効果が相殺するようにできています。同じことが、早く出社して遅くまで残業するタイプの押しにも当てはまります。巧みに人を欺くこの策略には、一部の同僚から賞賛が寄せられるものの、一方で、その魂胆が透けて見える人には嫌悪感をもたれるので、差し引きゼロというところで落ちつきます。

シェークスピアが描いた押し

ときおり、恐ろしく押しの強い社員が、手段を選ばず、成り行きまかせでは決してありえない速さで「特大つけもの石」をどかして、自分の上のポストを空席にするのを目撃することがあります。シェークスピアが『オセロー』で興味深い例を提供してくれています。第一幕第一場で、野心的なイアーゴーは、昇進が年功序列という厳格な規則によらずに引きによって決まってしまうことを嘆き悲しみます。

すまじきものは宮仕え
推挙を受けて気に入られた者の勝ち
年の功など見向きもされぬ
後を継いで決まるのが筋だろうに

自分の番だと信じていた昇進をマイケル・キャシオにさらわれてしまうイアーゴーは、二段構えの策略を企てます。まずキャシオを殺害したうえで、将軍オセローの彼に対する信用を地に堕とすというものでした。

しかし、陰謀が成功に終わる直前で、イアーゴーの妻エミリアが、嘘《うそ》に耐えきれずに秘密をばらしてしまうのです。

神も人も悪魔も、みなが
私を恥知らずと蔑《さげす》むがいい
私は話さずにはいられない

彼女がその陰謀を白日のもとにさらしてしまうと、イアーゴーは、のどから手が出るほど欲しかった昇進を最後まで手に入れられずに終わってしまうのでした。

私たちは、イアーゴーのたどった運命から、「秘密厳守こそ押しの生命線」と知るべきでしょう。

しかし、ここまで強い正真正銘の押しは非常にまれなので、押しでは年功序列を突破できないという私の評価は変わりません。

なぜ押しが過大評価されるのか

押しの効果が過大評価されている理由は二つあります。

一つめは、熱心に働く押しの強い人のほうが、より高いところまでより早く昇進できるという誤った思い込みです。

言うまでもなく、これにはまったく科学的根拠がありません。まったくの道徳的勤労幻想と片づけるしかなく、私はこれを「立身出世コンプレックス」と呼んでいます。

二つめは、階層社会学の初心者がだまされるのも無理のないことですが、押しの強い人の多くに「終点到達もどき症候群」が見られるために、押しの威力が実際よりも絶大なものに思えてしまうのです。

押し型人間は、ノイローゼ、胃潰瘍、不眠症といった病気をわずらいます。胃潰瘍などは管理職の勲章のように思われていますが、これはたんに押しの強い人間につきものの病気にすぎません。

それを理解していない人々は、こうした病気を終点到達症候群（第11章参照）と思い込みがちで、そんな病気で苦しむ人のことを、最終ポストにたどりついた人と早合点してしまうのです。しかし実際には、彼らにはまだ次のポストがあって、この先何年かは昇進の余地があるのです。

終点到達
症候群
無能
終点到達もどき
症候群
無益
有益

終点に到達したかどうかを見分ける方法

「終点到達症候群」と「終点到達もどき症候群」の違いは、「ピーターの微差」という表現で知られています。この微妙な違いを見きわめるためには、「この人は何か有益な仕事を成し遂げつつあるか？」と問うのが有効です。その答えによって、次の三通りに分類できます。

- 「イエス」の場合――彼はまだ無能レベルに達していないので、その病気は「終点到達もどき症候群」です。
- 「ノー」の場合――彼は立派な無能レベルにあり、その病気は「終点到達症候群」です。
- 「わからない」場合――あなた自身が無能レベルにたどりついています。今すぐ自分の症状をチェックしてください！

――終わりにひとこと

座っていられるのなら、立つものではありません。乗っていけるのなら、歩く必要はないのです。引きがあてにできるのなら、押してはいけません。

6 服従する者と指導する者

昇進のパラドックス FOLLOWERS & LEADERS

「先に来るものは何か、あとに続くものは何か、よく考えてごらん」
――プブリリウス・シュルス（古代ローマの狂言役者）

私にとって急務の一つは、階層社会学が誕生する前からはびこっている、さまざまな思い違いをとことん粉砕することです。

たとえば、「成功ほど素晴らしいものはない」という考えほど、人々を間違った道に導くものはありません。

すでにご理解いただいていると思いますが、階層社会学から学ぶべき教訓は、「成功ほど悲惨な失敗はない」、つまり成功は無能レベルへの一里塚だということです。

第14章で「創造的無能」について論じますが、そこで私は「成功しないことほど素晴らしいことはない」ということを鮮やかに証明するつもりです。

――リーダーの条件をめぐる嘘

ですが、その前にこの章では、「良き指導者たるもの、良き服従者たれ」という古くからある格言がとんでもない嘘だということを論じることにします。

これは管理職たちの世界で幅をきかせている、階層社会についての勘違いの最たるものでしょう。たとえば、ジョージ・ワシントンの母親は息子の武勲についてコメントを求められ、こう答えています。

「息子には命令に従うよう教えました」

アメリカ人はこうした無茶苦茶な理屈を真に受けるのが得意なようです。どうして指導する能力が、服従する能力で決まるというのでしょう? 「浮かぶ能力は、沈む能力で決まる」なんて真顔で言っているようなものではありませんか。

あんなに優秀なナンバー2、いざ昇進したら…

昨日の服従者は今日の指導者？

最も単純な例として、二つのポストしかない階層社会を考えてみましょう。命令にきわめて従順だった者は上のポストに昇進し、こんどは命令を下さなくてはならなくなります。

これと同じ理屈が、もっと複雑な階層社会にも当てはまります。服従する者として有能な人間は、上級ポストへの昇進の可能性が高くなりますが、最終的には指導者としての無能ぶりを露呈してしまうことになるでしょう。

最近行われた調査で、事業の失敗の原因を調べたところ、「管理職のマネジメント能力が欠如している」という回答が五三パーセントにものぼりました。かつてはせっせと服従していた人たちが、手のひらを返したように指導者になれと言われても、それは無理というものです。

少佐の孤独

N・チャタース大尉は、陸軍基地で管理業務を申しぶんなく有能に果たしてきました。あらゆる地位の軍人と上手につきあい、二つ返事で快く命令にも従いました。要するに彼は、すぐれた服従者だったのです。

その彼が少佐に昇格すると、任務はおもに自分が率先して行うものに変わりました。しかしチャタースは、権力の座につきものの孤独に耐えられませんでした。彼は部下の仕事場に顔を出しては噂話や冗談にうつつを抜かし、仕事を邪魔するのでした。彼には命令を下す能力などまったくなく、かといってその事実をすんなり受け入れることもできず、アドバイスのつもりで部下に余計な口出しをしては煙たがられていました。チャタースの部下は仕事に集中できず、不満を抱くようになりました。

またチャタースは、特に用もないのに大佐のオフィスに顔を出しては油を売っていました。大佐と話す話題が見つからなくなると、大佐の秘書を相手に世間話を始めるのでした。少佐を追い払うわけにもいかず、彼女のデスクには書類がどんどん積み上げられていきました。

そこで、チャタースを追い払う手だてとして、大佐は彼を基地内のあちらこちらに使いに出すようになりました。

この場合、服従者としては申し分ない人物が、指導的地位に就いたばかりに、以下の三つの問題を引き起こしてしまったわけです。

- 指導力を発揮できていない。
- 部下の仕事の効率を低下させている。
- 上司の時間を浪費している。

――すぐれたリーダーシップを持つ者は組織からはみだす

現実問題として、階層社会では非常にすぐれたリーダーシップを持っている人物でも、なかなか指導者にはなれないケースが多々見られます。例をあげてみましょう。

解雇は慎重に

W・ホイーラーは、自転車で宅配サービスを行うマーキュリー社に勤める配達係でした。彼は配達時間の短縮のため、今までにない緻密な計画を練りあげました。自分の足で歩きまわり、担当地域の使える道路や路地や近道のすべてを地図におこしては、ストップウォッチ持参で信号の待ち時間を計り、無駄に待つことがないルートを選択できるようにしたのです。

その結果、彼はいつも、二時間以上残して一日の配達を終えられるようになり、その時間をカフェで経営学に関する本を読んで過ごしたのでした。ほかの配達係のためにも配達ルートを見なおす手伝いを買って出た矢先、ホイーラーは解雇されてしまいました。

一見するとホイーラーは、「良き指導者たるもの、良き服従者たれ」という格言の正しさを示す生き証人で、スーパー無能なために「階層的厄介払い」にあった落伍者のようです。

しかし、ほどなくして彼は、自らが経営する宅配の新会社ペガサス・フライング社を立ちあげ、三年とかからずにマーキュリー社を倒産に追い込んだのでした。

このことからも、リーダーシップを発揮でき、抜きんでて有能な資質を持つ者は、既存の階層組織ではなかなか台頭できないということがわかります。たいていの場合、そのような人物は組織を飛び出して、新たな活躍の場所をほかに求めるのです。

発明王トーマス・A・エジソンも、新聞配達では無能でクビになりましたが、新たに独自の組織を設立して、みごとに成功を収めたではありませんか。

緊急事態における例外

たまに、特別な状況下で潜在的なリーダーシップが認知されるケースも考えられます。たとえば、まさに戦闘状態にある軍隊で、部隊内の将校が、夜襲を受けて全員命を落としてしまった例を考えてみましょう。L・デア伍長は最下位の下士官でしたが、ここで指揮権を握って敵を撃退し、自軍の仲間を無事に帰還させることに成功しました。そこで彼は、出征中に昇進したのです。

平時であれば、このような昇進はなかったでしょう。デアの陣頭指揮は越権行為だったはずです。通常の階級制度や年功序列制度が崩壊し、階層そのものが壊れるか一時的に機能停止状態に陥ったからこそ、起こりえた昇進だったのです。

ピーターの法則との整合性は？

ピーターの法則は、有能な人間は昇進の対象になると言っているので、ここまで読んだあなたは、この章の内容がピーターの法則と矛盾しているのではないかと疑問を感じているかもしれません。しかし、矛盾はしていません！

第3章で見たように、従業員が有能かどうかを評価するのは、あなたや私のような利害関係のない第三者ではなく、同じ階層内にいる上司です。潜在的な指導力を持った部下というのは、上司にしてみれば服従しない部下にほかならず、不服従とは無能を意味するのです。

良き服従者は、良き指導者にはなりません。確かに、良き服従者が昇進する可能性はありますが、だからといって良き指導者になるわけではありません。

現代の階層社会は、ルールや伝統や事細かな法律などで縛られているため、高位のリーダーであっても、だれかをどこかに導くリーダーシップなど必要ないのです。とにかく前例に従い、規則を遵守し、群れの先頭にちょこんと立って流されているだけです。船首を飾る木彫りの像が船を先導していると考えるなら、彼らも確かに組織を指導していると言えなくもありませんが。

こうした環境下では、真のリーダーの出現は恐れられ、不快なものとされるのがおわかりいただけるでしょう。この現象は「ボス犬恐怖症」という名で呼ばれていますが、階層社会学的に正確に言えば、「ボス犬恐怖症コンプレックス」となります。そこには、ただボス犬を恐れるのではなく、「負け犬だと思っていた犬が、ボス犬になってしまったらどうしよう」という屈折した強迫観念が働いているのです。

7 政治家と役人はなぜ無能なのか？

階層社会学と政治

HIERARCHIOLOGY & POLITICS

「人類の歴史は、見慣れない真実がぽつりぽつりと散見される広大な錯誤の海である」

――チェーザレ・ド・ベッカリーア（イタリアの犯罪学者）

ここまで私たちは、学校や工場や自動車修理工場といった単純な階層社会でピーターの法則がどう働いているかを見てきました。こんどは、もう少し込みいった政治や政府の階層社会をつぶさに見ていくことにしましょう。

世界を動かしているのはだれ？

私の講義中、ラテンアメリカ出身の学生セサル・イノセンテがこんな質問をしました。

「先生、いくら勉強してもわからないので教えてほしいのですが、この世界を動かしているのは、マヌケそうに見せかけているけれども本当は賢い人間なのか、それとも本当にマヌケな人間たちなのか、どっちなんでしょう？」

彼のこの質問に、多くの人たちが抱いている考えや感情が凝縮されています。この問いに対して、いかなる社会科学もまだ一貫性のある答えを見いだしてはいません。

今日まで政治理論家はだれ一人として、政治を動かす世の中の仕組みについて満足な説明ができなかったし、政治の未来を正確に言い当てることもできませんでした。マルクス主義者も、資本主義理論家と五十歩百歩で、結局のところ、その分析は正しくありませんでした。

比較階層社会学での私の研究によると、資本主義であれ、社会主義であれ、共産主義であれ、すべての政治体制は、無駄で無能な人間をひたすら蓄積させていくという点で共通しています。

この研究はまだ道半ばですが、中間報告のつもりでここに紹介させてもらいます。研究資金不足という問題がクリアできれば、私はこの比較階層社会学の研究を完遂できます。その成果をかたちにできたら、次には普遍階層社会学の研究に着手しようと思っています。

「オレたち、世界を動かしてるぜ！」
「ホントにいいほうに転がってるの？」

なぜ問題を解決できないのか？

経済危機や政治危機にもいろいろありますが、一つだけはっきりしていることがあります。それは、さまざまな学識経験者がてんでんばらばらな解決策を提言するということです。

財政の均衡がとれていないとします。Aが「増税だ」と言えば、Bは「減税だ」と叫びます。アメリカ国外の投資家たちが、ドルの信用に疑問を抱き始めました。Cが「金融引き締め政策を」と訴えれば、Dは「インフレ政策だ」と主張します。

市民の暴動が起これば、Eは「貧困者の救済を急げ」と言いますが、Fは「富裕層への奨励策が有効だ」と訴えます。

ある強国が威嚇的な態度で挑発してきました。Gは「強硬姿勢で臨め」と言い、Hは「対話路線で行こう」と訴えます。

なぜ、こんな混乱が起こっているのでしょう。次の三つの理由が考えられます。

① 政治や経済の専門家はすでに無能レベルに達しているため、その指摘はバカげているか、見当違いばかりである。

② 筋の通ったことを言う者もいるが、それを実行に移す能力を持ち合わせていない。

③　政治や経済をつかさどる組織が、とことん無能に満ちた階層社会の数珠つなぎ状態なので、理にかなった提言であれ、無茶苦茶な戯言《ざれごと》であれ、どっちにしても実行されるにはいたらない。

この章では、政治をつかさどる二つの機関を見ていくことにしましょう。つまり、法を立案する立法機関と、公務員という大軍をもってその施行にあたる行政機関の二つです。

政治家たちの無能ぶり

現代では、民主主義ではない国でも、国会議員は選挙で選ばれるのがふつうです。私たち有権者は、自分の願いを議会で代弁してくれる最も有能な政治家を選んでいると考えています。この発想が代議制の根本原理なのは間違いないところです。しかし現実には、そのプロセスは少し複雑です。

政党は何をしているか?

今日の政治は、政党によって支配されています。政党の数は一つだったり、二つだったり、三つ以上だったりと、国によってさまざまです。政党というのは、同じ考えを持つ人が共通の利益を拡大するために協力し合うグループと考えるのが一般的です。しかし、これはもう実態に即していません。いまやその機能は圧力団体に受け継がれていて、実際には、利益の数だけ圧力団体があると言ってもいいでしょう。

政党は、候補者を立てて、彼らを議会に送り込むための道具と化しています。

もちろん、政党の支援を受けずに選挙戦を戦い、議席を獲得する無所属の候補者もいないわけではありません。しかし、莫大な選挙費用を工面するのは容易なことではないので、地方レベルではまだしも、国会レベルで争うとなると、当選できる者はなかなかいません。現代の政治では、候補者の人選は政党にゆだねられていると言っても過言ではないのです。

政党という階層社会

党員ならだれでも知っていることですが、政党という組織は階層社会です。党員たちは無給なのを承知のうえで、それどころか恩恵に浴しようと党費を払ってまで仕事をします。しかし、そこには厳然とした階級の序列があって、一つ一つの昇進について明確な仕組みがあるのです。

ここまではビジネスや教育の世界の階層社会を見てきましたが、政党のようなタイプの階層社会でもピーターの法則が同じように当てはまることを、これから解説していきましょう。

工場や軍隊と同様に、政党という階層でも、次の地位に昇っていくには、現在のポジションで有能であることが要求されます。一軒一軒の家を訪問しながら上手に支持者を増やしていく運動員は、昇進して戸別訪問班のリーダーという役割を与えられるでしょう。反対に、訪問する先々で不快感をばらまく運動員は、いつまでたっても玄関先で支援者の数を減らし続けるだけです。

封筒の袋づめ作業が速い党員は、その作業グループの責任者になるでしょうが、不器用な党員は、二枚同じものを詰めたかと思うと、空っぽの封筒に糊づけしたり、折り方を間違えたり、床に落としたりしながら、党を離れるまで封筒の袋づめを続けるのです。

選挙資金集めに功績のあった党員は、公認候補指名委員会のメンバーになるかもしれません。しかし、いくら資金集めがうまくても、それが国会議員にふさわしい人物を探し出す能力を保証するわけではなく、無能な候補者を推薦してしまうことだって予想できます。百歩ゆずって、指名委員会のメンバーの大半が有能だったとしても、この委員会は、国会議員として適切かどうかではなく、選挙に勝てそうかどうかを基準に公認候補の決定をするものなのです！

議員バッジは無能の勲章？

その昔、有権者が一堂に会した市民集会で議員が選ばれた時代、そして演説が高度な技術とされた時代には、聴衆の心をつかむ卓越した雄弁家が党の公認を受けたのでしょうし、候補者のなかで最もすぐれた演説をした者が議席を獲得したのでしょう。

しかし、一万人の有権者を話術や身ぶりで魅了し、喜ばせ、奮い立たせることができたからといっても、その人物が、国の問題を正しくとらえ、冷静に議論でき、賢明な判断が下せるとはかぎりません。

選挙が放送などのメディアにどんどん依存するようになれば、政党は最もテレビ映りのよい人間を擁立するに決まっています。しかし、化粧や照明の効果でどんなにブラウン管に映るイメージが魅力的だとしても、国会議員として立派な功績を残すという保証はありません。

制度の新旧を問わず、政治を志す人々は、候補者から国会議員へと通じる階段を昇り、いつかその人なりの無能レベルに落ちつきます。それが政治の世界の現状なのです。

政治版ピーターの法則

代議士が集まる国会そのものが、一つの階層社会です。たとえ選挙で選ばれても、政治家として無能だとわかったら、昇進はありません。

しかし有能だと判断されれば、より大きな権限が集まる地位へと昇進する対象になり、重要な委員会のメンバーに名を連ねたり、その議長を務めたり、ことによると大臣の椅子に収まることだってあるでしょう。こうしたすべての役職において、昇進を果たした者は無能になる可能性を秘めています。

つまりピーターの法則は、末端の政党職員から国会議員のなかで最高位に収まる者まで、立法に関わるすべての組織を支配しているのです。おのおのが昇進を重ねてそれぞれの無能レベルに達するのであって、やがてはすべてのポストが、職責を果たせない無能な人間によって占められていくのです。

お役人たちの無能ぶり

ここまで見てくれば、みなさんは、行政においてもピーターの法則が同じように当てはまることがおわかりでしょう。中央官庁はもちろん、国や地方自治体の局、部、課のどのレベルにも当てはまるのです。警察であれ、軍隊であれ、すべてが賃金労働者から成る厳格な階層社会なので、そこには必ずや、職務を全うできず、これ以上の昇進も見込めない、しかしだからといってクビにもできない無能な労働者があふれ返っているのです。

政府というものは、民主主義であれ独裁主義であれ、あるいは共産主義であれ自由競争主義であれ、各階層に無能さが行き渡ってしまうと、それに耐えきれなくなり、いつかは転覆の危険にさらされるものなのです。*

＊　階層社会の効率は、その社会の成熟指数（ＭＱ：Maturity Quotient）に反比例します。成熟指数は次の式で求めることができます。

ＭＱ＝無能レベルに達した人数÷階層社会の総人数×100

成熟指数が100の社会とは、全員が無能レベルに達しており、有益な仕事がいっさい行われない社会です。

平等主義が無能を招く!?

無能のはびこり方という点では、縁故やえこひいきで役所や軍の任用が行われていた時代よりも、今日の状況のほうがひどいと言えます。平等主義の現代に逆行するようなこの発言に眉をひそめる方もいらっしゃるでしょうが、まあ私の説を聞いてください。

ここにプローヴィアという仮想国家を考えてみます。この国では、公務員試験や、雇用機会均等法、成果主義での昇進といったものは存在しません。プローヴィアは厳格な階級社会で、政府、企業、軍隊、教会など、あらゆる階層の高位に就けるのは、支配階級に属する人々に限られています。

気がつかれたかもしれませんが、私はいま「支配階級」という言葉を使い、「上流階級」という言い方はしませんでした。ふつう上流階級という言葉は、貴族や高貴な家の出だという理由で支配的身分にあることを指すので、ここでは使いたくないのです。というのは、家柄や血筋だけでなく、宗教、身長、人種、言語、方言、政治的所属など、何かが違うことによって支配階級と被支配階級とが区別される制度すべてに、私の結論は当てはまるからです。

何が区別の基準になろうと問題ではありません。とにかくプローヴィアでは、国民が支配階級と被支配階級に分かれているという事実が重要な意味をもちます。プローヴィアでの典型的な階層社会を表したのが次ページの図で、ピラミッド型の構造になっています。

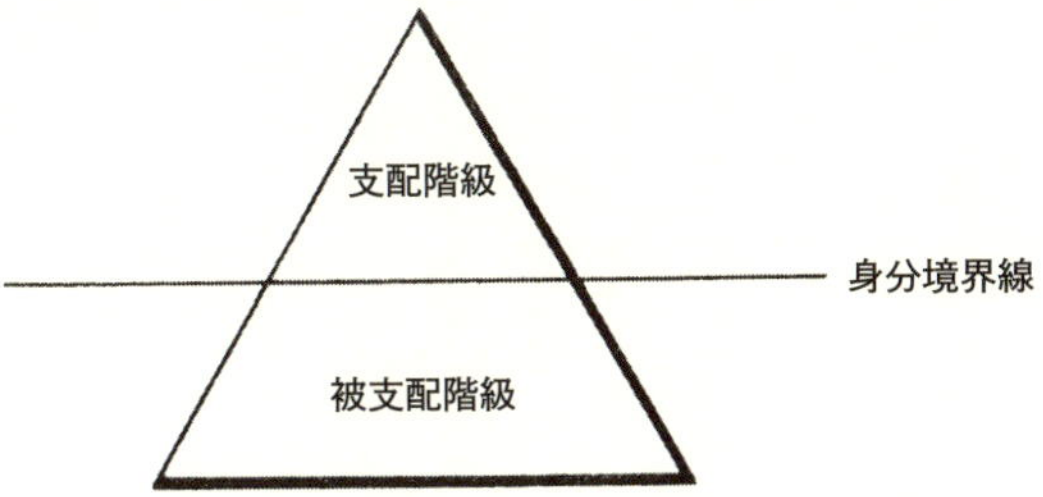

ピラミッドの下半分は、何らかの理由で被支配階級に属する人たちです。そのなかにとびきり聡明で有能な者がいたとしても、身分境界線を越えて昇進はできません。

ピラミッドの上半分は、支配階級の人々によって占められます。彼らは、ピラミッドの最底辺からではなく、身分境界線のところからキャリアをスタートさせることになります。

さて、おわかりいただけると思いますが、ピラミッドの下半分では、身分境界線があるおかげで、多くの人々が無能レベルまで昇進することはありません。彼らは十分に職責を果たせる仕事に取り組みながら、その職業人生に幕を引くことになるでしょう。身分境界線より上に行けないということは、境界線の下に有能な人材を封じ込めることにほかならず、いつまでも彼らを活用できるということになります。

つまり、身分境界線があるおかげで、ピラミッドの下半分では効率のよい仕事が期待できるということです。

身分境界線の上ではどうでしょうか？　無能レベルに達してしまう人の数は、その階層社会に存在する地位の数に比例するので、多くの肩書きがあればあるほど、無能に陥る人間も増えます。ピラミッドの上半分は、ポストの数がそれほど多くない閉じた階層社会ですから、ここでも多くの人が無能レベルに到達しないですむことになります。

さらに、ピラミッドのいちばん下からではなく頂点に近いところからキャリアをスタートできるぶんだけ、有能な人材は途中で埋もれることなく、階層の頂点をめざして励むことでしょう。

これを別な観点から説明してみます。第9章で私は経営効率調査を取り上げ、階層社会の効率を上げる唯一の効果的な方法は、上層部に新しい人材を登用することだと述べるつもりです。今日でも、会社を再編したあとや急速な事業拡大期などに、こうした登用は見られます。しかしプローヴィアでは、それがふつうなのです。支配階級に属する人材が、当然のように身分境界線より上で高位のポストに就いていくからです。

要するに、身分境界線の上でも下でも、プローヴィアの階層社会は――企業、役所、軍、学校、あるいは病院でも何でも――階級差のない平等な社会よりも効率性の点で勝るわけです。

現代の階級制

「君は階級制を肯定するのか!」と非難されそうですが、その前にはっきりさせておくと、私たちの社会にも立派に階級制度が存在しています。

それは家柄ではなく、出身大学の格づけに基づく階級制です。例をあげれば、ハーバード大学を卒業した者には「ハーバード出」という呼び名がありますが、どうでもいいような大学を出た者にはそのような呼び方はありません。組織によっては、いくら本人が有能であっても無名の大学しか出ていない場合、与えられる昇進の機会からして一流大学出身者とは平等ではない現実が厳として存在しているのです。

もちろん、状況は変わりつつあります。「大卒」であることは、ある種の階層社会においては、その最底辺に滑り込むための最低条件でしかないケースが増えてきています。こうなると、学士号の値打ちも下がり、学士号を持つすべての人間に潜在的な昇進のチャンスが与えられるので、「一流大学卒業」という階級的な価値は損なわれていくことになります。

この現象を説明する私の研究は、情けないことに資金不足がたたって、いまだに不十分なものです。しかし、ここであえて予測をしておきますが、きっと大卒者がおのおの無能レベルにたどりつく確率は、民間企業であれ、官公庁であれ、年々高くなっていくことでしょう。

8 無能を発見した人々

先駆的研究の紹介

HINTS & FORESHADOWINGS

「詩人とは、理解されえぬ霊感を解説する導師である」
——パーシー・ビッシュ・シェリー（英国の詩人）

慣例として学術書には、「参考文献一覧」のページがあって、同じテーマを取り上げた過去の出版物を紹介しています。全部読むにはおそろしいほど時間がかかる文献リストをズラリと並べる目的は、どれだけ読んだ本があるかと読者に問いかけて、その有能さをチェックすることかもしれませんし、一粒の金塊のような真実を手に入れるためにどれだけ多くのゴミの山をふるいにかけてきたかをアピールして、著者が自分の有能さを証明したいからかもしれません。

けれども、階層社会学ではこれが最初の文献なので、本書には正式な参考文献一覧はありません。ハッタリをかますつもりはないので、そのことはあらかじめ告白しておきます。いささか型破りなことは承知していますが、だれかが将来、やむをえなかったと証明してくれることでしょう。

この点を踏まえたうえで、私は何人かの先人たちの言葉を取り上げることにしました。当人たちはこのテーマを自覚して文章を書いたわけではないでしょうが、もし考えが及んでいれば、おそらくそうしただろうと思える人たちばかりです。いわば、原始階層社会学者たちによる参考文献一覧というわけです。

ことわざや格言

だれが最初に言ったのかは不明ですが、ことわざや格言のなかには、無能理論を直観的に理解していたことを示すものがいくつか見つかります。

「靴の修理屋よ、今の仕事をしっかりやれ」という格言は明らかに、一人前の靴の修理工を親方に昇進させてはいけないと訴えています。突き錐《きり》や金槌を巧みに操る手は、ペンでものを書いたり、タイムカードや勤務計画表をうまく処理したりするのには不向きなのです。

「料理人が多いとスープをだめにする」ということわざは、計画にたずさわる人間の数が増えれば

人は、いくつになっても「並べたがり」

増えるほど、そのなかに無能レベルに達した人間が含まれている可能性も高くなることを示唆しています。野菜の皮むきは達人的に上手でも、昇進して無能の料理人になってしまったら、ほかの料理人たちが作ったスープに塩を入れすぎて台なしにしてしまうかもしれません。
「女の仕事に終わりはない」というのは、主婦として無能レベルに行きつく女性の多さを嘆いたことわざと言えます。

詩人や作家

イランの詩人オマル・ハイヤームは、代表作『ルバイヤート』のなかで、教育と宗教の階層社会が無能人間だらけなのにあきれ、苦々しい思いでこう詠《うた》いました。

若いころ私は
知恵ある博士や聖人をたずね
道理を理解しようと耳を傾けたが
空しく帰路につくだけだった

私は別の著書で、人間には「階層本能」があると書いたことがあります。どうしても人間を階級に従って並べ替えないではいられない抗《あらが》いがたい性向のことです。この本能の存在を否定する者もいますが、イギリスの詩人アレクサンダー・ポープは、今から二世紀以上も前にその存在に気づいていたばかりか、それを聖なる原理の表出とさえみなしていました。

秩序こそ神の第一の教え
他者より秀でる者は
当然のごとく存在する

（『人間論』使徒書簡、第四節より）

さらに彼は、人が仕事を全うするときに感じる満足感をこう表現しています。

人が見いだすすべての善
神が人間に与える理性の喜びと官能の楽しみ
すべては三つのなかに存在すると知れ
すなわち健康、平和、有能さのなかに

（前掲書より）

そしてポープは、階層社会学のカギを握る原理の一つにはっきり言及しています。

人間というものは何を考えるのか
空高く舞い上がり、天使に肉薄しようとするのか
あわよくば天使に勝る存在になろうというのか

（『人間論』使徒書簡、第一節より）

言い換えれば、階層社会のなかの人間は、自分が有能でいられる場所に留まり続けることを潔《いさぎよ》しとしないのです。自分の能力を超えたレベルまで昇り続けることにこだわるのです。

職業において無能さを露呈する人々について、イギリスの随筆家、シドニー・スミスが一八五〇年に書いた次の一説はきわめて印象的で、今でも頻繁に引用されています。

人生のさまざまな時期を、テーブルの上のさまざまな形状の穴――丸、三角、正方形、長方形など――にたとえるとしよう。そして、その時期を生きる人間を、さまざまな形状の木片にたとえるとしよう。すると、何が見えるか。三角形の人が正方形の穴にはめ込まれ、長方形の人が三角形の穴に、正方形の人が丸い穴に無理やり入り込もうとしている姿である。役人と役職、仕事をする者とその仕事内容がかみ合っている例はあまりにも少ない。どうやら、両者は

最初から完璧にかみ合うことなどないようにできていると考えたほうがよさそうだ。

（『小品集』より）

アメリカの随筆家ワシントン・アーヴィングは、「愚鈍な人間のほうが公職に登用されやすく、また要職に昇進したりするものだ」と指摘しています。しかし、人間というものは、下位にいるときには十分聡明でも、重要な役職に昇進すると、どうも冴えなくなるということを、彼は理解できていなかったのです。食卓を照らすには申し分のないロウソクでも、街灯がわりに使えるかといったら、お話にならないのと同じです。

マルクス

カール・マルクスは、階層の存在をはっきり認識していました。ですが、それは資本家によって維持されていると勘違いしていました。彼は階級のない社会の実現を提唱しましたが、人間とは本質的に階層を志向するということ、したがって家父長制であれ、資本主義であれ、社会主義であれ、制度にかかわらず階層をつくらずにはいられない生き物だということを理解できていなかったのです。この点でマルクスの洞察力は、ポープよりはるかに劣ると言わざるをえません。

さらにマルクスは、階級のない夢の社会の原則として、「各人が能力に応じて働き、必要に応じて受ける社会」でなくてはならないと述べましたが、これは論理的整合性を著しく欠いています。なぜなら、能力と窮乏度に基づく二重の階層構造が生じてしまうからです。

この矛盾には目をつぶるとしても、ピーターの法則によって私たちは「各人が能力に応じて」仕事を行うことなど期待できないことを知っています。そうするためには、人々をいつまでも有能レベルに留めておかなくてはいけませんが、それは不可能です。すべての人間はおのおの無能レベルまで昇進していき、そこに一度たどりついたら、能力に応じて何かを生産することはできなくなるのです。

そういう理由から、マルクス主義の理論は、アヘン吸引者の幻覚に等しく、まったく現実的ではありません。マルクス主義を採用した政権に、いまだに成功例はありません。マルクスは非科学的な夢想家というほかありません。

――もういちど詩人と作家

むしろ詩人のなかに、マルクスをしのぐ科学を見いだせるような気がします。エミリー・ディキンソンの箴言《しんげん》を紹介しましょう。

成功は決して成功しない者たちによって
最も甘美なものとみなされる

この「成功」を、階層社会学における無能なポストへの終点到達と置き換えれば、この詩は心理学的に納得できるものとなります。

『鏡の国のアリス』の著者チャールズ・ラトウィッジ・ドジスン（ペンネームはルイス・キャロル）は、無能レベルでの生活に触れ、物語のなかで女王にこんなセリフを言わせます。

「いいこと、ここに来たら、とにかく全速力で走り続けないと、今いる場所に残れないのよ！　わかった？」

言い換えれば、ひとたび終点に到達してしまった人間は、どんなに必死に努力しようと、そこから上には昇進できないということです。

フロイト

ジークムント・フロイトは、だれよりもピーターの法則の発見に肉迫した人物だと言ってよいでしょう。彼は神経症、不安症、心身症、記憶喪失、精神疾患の症例を観察しながら、私なら「終身無能症候群」と呼びたくなるような症状の広まりを見てとったのです。

この終身無能は、当然のことながら強烈な欲求不満を引き起こします。根っからの皮肉屋なのか、フロイトはこうした欲求不満をわざわざ「ペニス願望」「去勢コンプレックス」「エディプス・コンプレックス」などと、性欲と結びつけた表現で説明しました。つまり彼の説明によれば、女は男になれないがゆえに、男は子を産めないがゆえに、少年は自分の母と結婚できないがゆえに、それぞれ欲求不満を抱えることになるというわけです。

しかしフロイトは、より望ましい地位（男、父、母の夫、父の妻など）に就くことへの熱望である昇進願望から欲求不満が生じると考えたところで間違いを犯しました。もうおわかりのとおり、階層社会学によれば、欲求不満は昇進願望から生じるのではなく、昇進の結果として生じるのです！

この間違いは、フロイトの極度に内省的な性格が災いしたものです。彼は、患者の内側で起こっていること（起こっているとフロイトが想像したこと）の研究にこだわり続けました。対照的に階層社会学は、患者の外側で起こっていることを研究し、人間の営みを包含する社会秩序を研究し、ひいてはその秩序内での人間の機能を解き明かそうとします。フロイトが潜在意識という奥まった暗部の追究に時間を割いたのに対して、私は観察も計測も可能な人間の行動を調査することに全精力を傾けたのです。

フロイト派の心理学者たちは、社会のなかで人間が果たす機能というものを解明してこなかったわけですが、それはまるで、コンピュータを前にして、それが何をするためのものか理解しようとせず、内部構造と作動する仕組みにばかり気をとられて頭を悩ませているようなものです。

そうは言っても、先駆者としてのフロイトの功績を過小評価してはいけません。誤りも多かった彼ですが、多くの発見もしたのです。彼は絶えず患者の内部を観察し続け、人間は自らの動機に対して無意識であり、自らの感情を理解せず、それゆえ自らの欲求不満を解消すべくもない、という強力な独自の理論を打ち立てて名をあげたのです。自分の無意識の性質や内容について意識的かつ合理的に論じることはだれにもできないので、この理論に攻撃を加えることは困難きわまりないことでした。

天才的手腕でフロイトは精神分析学を生み出したのですが、それによって彼は、患者に無意識を自覚させられると主張しました。

しかし、ここでちょっと調子に乗りすぎたのか、彼は自らを精神分析した末に、自分の無意識を意識化に置いたと主張したのです（今日では、フロイトの功績は、ただ患者にフロイト自身の無意識を意識させただけだと辛辣《しんらつ》なことを言う人もいるほどです）。いずれにせよ、自己の精神分析という行動に出たことで、フロイトは自らを窮地に追いやる皮肉な結果となりました。

もしフロイトが階層社会学を理解していたら、そのような最後の一歩を踏み出すことはしなかったはずで、無能レベルに達することもなかったでしょう。

そうしてフロイトは、無意識という不可解なものの上に築きあげた立派な学説を根底で危うくしながらも、偉大な後継者であり、スポーツ心理学の父でもあるスティーブン・ポッターにバトンを手渡すのです。

ポッター

フロイトと同様にポッターも皮肉っぽい心理学者（あるいは心理学者っぽい皮肉屋）ですが、鋭敏な観察力と、イメージ豊かで記憶しやすい造語を駆使して観察結果を表現した点で、フロイトにまったく引けをとりません。ポッターの造語で最も有名なものは「ゲームズマンシップ」（勝利至上主義でゆがめられたスポーツマンシップ）でしょう。

ポッターも、人間の抱えるさまざまな欲求不満を観察し、分類しました。彼は欲求不満の基本的な状態を「後手《ワンダウン》」、そして欲求不満が取りのぞかれた気分の晴れた状態を「先手《ワンアップ》」と呼んでいます。彼は、「後手」の状態を脱して相手より先んじたいというのは、人間が持って生まれた衝動だとして、このためのテクニックを「先手必勝術《ワンアップマンシップ》」と命名しました。

フロイトとポッターの大きな違いは、フロイトの提唱した無意識の動機という学説をポッターが否定している点です。ポッターは人間の行動を、他者より秀でたい、環境を克服したい、一枚上手に出たいといった意識的な衝動という観点から説明しています。ポッターはまた、「欲求不満のある患者は専門医に診てもらいなさい」というフロイト派の独善的な主張も採用せず、自分でできる心理学版「日曜大工」を説いたのです。彼は、患者自身が上手に活用すれば人を出し抜くことができるさまざまな策略や戦略や先制攻撃法を教示しました。

ポッターの理論を要約すると、人より優位に立ちたい者も、成功を手に入れようとギラギラしている者も、反則すれすれのプレーをする競技者もみな、社会的・商業的・職業的・スポーツ的階層を昇っていこうとして、あまりほめられないさまざまな行動に出るわけです。

ポッターの文章はたいへん楽しく読めるので、ややもすると彼の理論の中枢にある弱点を見逃してしまいがちです。その弱点とは、先手必勝術をうまく使えばいくらでも階層を昇れ、先手状態を永続できるという仮定です。

現実には、いくら先手必勝術を磨いたところで、無能レベルに達してしまったら効果がありません。この技能は、無能レベルに達するスピードを速める効果があるだけです。いったん無能になってしまったら、どんなにもがいたところで、後手の状態から脱することはできません。

永続する幸福というのは、最終的な昇進を回避することによってのみ得られるのです。それには、出世街道のある段階で先手必勝術を捨て、代わりに、ポッター流に言えば「一回休み戦法」とでも命名できるスキルを実践することです。その具体的な方法は、「創造的無能」について論じる第14章で述べます。

とりあえずここでは、フロイトの倫理観とピーターの法則のあいだの溝を埋めるのに貢献した、真に偉大な理論家ポッターに敬意を表したいと思います。

――パーキンソン

高名な社会理論家のシリル・ノースコート・パーキンソンは、著書『パーキンソンの法則』のなかで、階層社会に人間があふれるという現象を的確に観察し、なぜ組織が肥大化するかについて含蓄ある洞察を加えています。

次に紹介するのが、彼が発見し定式化したパーキンソンの法則です。

「組織において、仕事は就労時間いっぱいまで引き延ばされる」

「組織において、仕事が増えれば人も増えるが、仕事が減っても人が減ることはない」

ところで彼は、「そびえ立つピラミッド」と呼んだ階層社会を説明するにあたって、上位にある者が分割統治策をとって、わざと階層社会を非効率にすることによって自己の権限拡大の手段にしていると考えました。

しかし、この理論は以下の点で破綻しています。

第一に、これは上位の人間にそういう意図や計画があることを前提にしています。しかし私の調査によれば、上級職の人間には、分割のためであれ統治のためであれ、はたまた何のためであれ、いかなる効果的な計画も立てる能力がないのです。

第二に、パーキンソンが描写した現象――余剰スタッフと過小生産――は、しばしば直接的に管理職や経営者の利益に相反します。効率が著しく低下するので、ビジネスは頓挫し、責任者はお払い箱にされてしまいます。政府機関の階層であれば、浪費や無能ぶりをチェックする監査によって、責任者は屈辱的な処遇を受けることになるでしょう。彼らがわざわざ自らの不利益になるような手段を採用するとは、とうてい考えられません。

第三に指摘したいのは、ほかの条件がすべて同じなら、部下の人件費が少なければ少ないほど収益は増すため、管理職への給与、賞与、配当金、諸々の手当も増えることになります。もし階層社会が一〇〇〇人のスタッフで十分機能しているなら、経営陣はさらに二〇〇〇人を雇用する必要などないはずです。

しかし、かりに一〇〇〇人のスタッフでは組織が効率よく機能していないとしたらどうでしょう? その場合、ピーターの法則が教えるように、多くの(ことによると、ほとんどの)上級職が無能レベルに達していると考えられます。彼らはもはや事態を打開することなどできません。なぜなら、全員が全力を尽くした結果、招いた状態だからです。

そこで、効率を上げる窮余の策としてスタッフを増員するわけです。第3章で指摘したことですが、これによって一時的には効果が期待できますが、昇進のもたらす影響が新しい人材にも及んでしまうと、彼らも無能レベルに陥ります。そうなると、また次の人材を登用し、一時的に生産性は上昇するものの、徐々に旧《もと》の木阿弥《もくあみ》になるという繰り返し以外に救済方法はなくなってしまうのです。

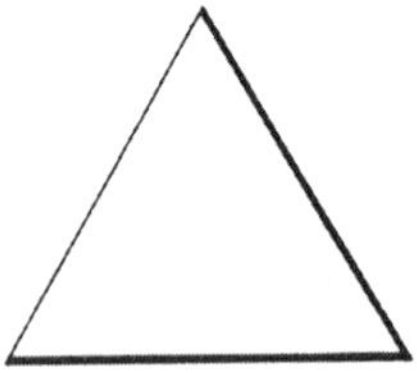

図1 ピラミッドばりの
封建型階層モデル

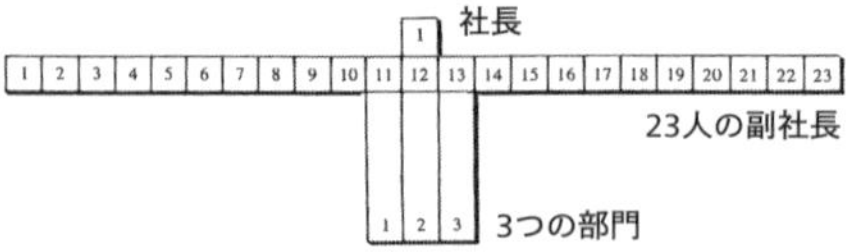

図2 翼を広げたT型モデル

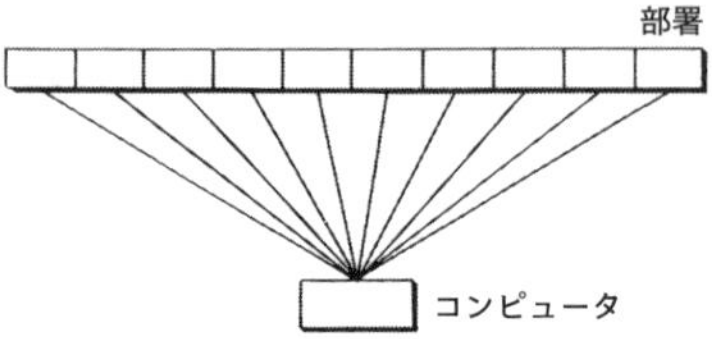

図3 変形モデル

こうした理由で、従業員の規模とその仕事量のあいだには直接的な相関関係は見られません。余剰人員の蓄積は、パーキンソンの「陰謀論」ではうまく説明できないのです。むしろ、経営陣がひたむきに、しかし結果としては無駄に効率アップを求めたために余剰人員の蓄積が起こると考えるべきなのです。

もう一点、パーキンソンは自分の法則を「ピラミッドばりの封建型階層モデル」で考えています（図1）。これは彼が、古い伝統や流儀が根強く残る軍隊の観察を通して法則を発見したからです。確かに封建的な階層社会は現存しますが、その他の形態についても見て、その機能を知っておかないと、階層社会の全体像をつかむことはできません。

たとえば、図2は「翼を広げたT型」モデルの例です。

図からわかるように、この会社には三つの大きな部門がありますが、二三人の副社長と一人の社長がその上に乗っているので、伝統的なピラミッド型とは別物です。

また近年では、ピラミッドの裾野《すその》にあたる従業員が一台のコンピュータに取って代わられてしまった「変形モデル」も見られるようになっています（図3）。

多くの部署が一台のコンピュータによって下支えされたかたちは、まさしく逆ピラミッド型です。このタイプの組織構造は、高度に自動化された生産プロセスによって多くの経営幹部や管理職や営業職が支えられている場合に見られます。

すでに第3章で「管理職の空中浮遊」について述べました。これは、実在しない部署を管理職が管轄したり、自分一人が残されて部下は別の部署に配属になったりする場合に見られる状態のことでした。

このように、残念ながらパーキンソンの研究は詰めが甘いと言わざるをえません。なるほど、仕事は定められた就労時間いっぱいまで膨らみますが、就労時間どころか組織の寿命さえも超えて膨らみかねないのです。すなわち、無能レベルに陥った者が労働を続けることは、会社を倒産させたり、政府を転覆させたり、あるいは文明社会を未開時代に逆戻りさせたりする危険と背中合わせなのです。

そういうわけで、魅力的なパーキンソンの理論も、申し訳ないのですが、採用にはいたりません。とはいっても、今でこそピーターの法則が科学的に解き明かした数々の現象について初めて注意を喚起してくれたのはパーキンソンですから、私たちは彼に大いなる賛辞を送らなくてはいけません。

9

なぜ人は無能へと突き進むのか？

階層社会の心理学

THE PSYCHOLOGY OF HIERARCHIOLOGY

「哀れなものよ！　待ち受けている運命も知らずに、無邪気に戯れておるわ」

――トーマス・グレイ（英国の詩人）

ある日、階層社会学の講義が終わると、一人の学生が手紙を持ってやって来ました。そこにはこんな質問が書いてありました。

「先生は無能レベルに陥ったダメ人間のことを生き生きと説明してくださいますが、その人自身が内心どう感じているかを教えてくださらないのはなぜですか？　彼らは終点に到達してしまった自分の無能をわかっているのでしょうか？　自分が足手まといの給料泥棒だとわきまえているのでしょうか？　雇用主には詐欺を働き、部下にはストレスを与え、社会と経済を蝕んでいるガン細胞に等しいという自覚はあるのでしょうか？」

この手の質問が、最近やたらと多いのです。

階層社会学、人間の内面に迫る

最初にはっきりさせておきますが、階層社会学は社会科学の一領域であり、対象を評価する際には客観性のある基準を尺度として用います。つまり「ダメ人間」「足手まといの給料泥棒」「詐欺を働く」「ガン細胞」といった善悪の価値観にからむ主観をにじませた用語は適さないということです。私はこれまで、客観的な観察者として行動科学に取り組んできました。ピーターの法則を発見したのも、外に現れる行動の観察を通してであって、人の心のなかで起こっていることを想像したり推理したりすることは避けてきました。

とはいえ、無能レベルに達した人々の内面の問題は検討する価値がありますし、端的に言って興味深いものです。お手上げ状態になってしまった人間は、自分のことをどう考えているのでしょう？　この問いに対する私の答えは主観的なもので、本書のほかの記述と比較すると、いささか科学的厳密さを欠いたものになります。

精神療法で心は救われるか？

以下に紹介するほとんどのケースで、私は、人々が何を考えているのかを明確に観察できたわけではありません。しかし少数ですが、自己分析をしてくれた人もいましたし、精神科医の報告書を入手できた例もあります。その結果わかったことは、無能レベルに達した人は自己を正当化し、自分の置かれている困難な状況を他人のせいにしているということでした。

深く分析すると、ありのままの自分を受け入れようとする態度も見られましたが、階層社会の仕組みや、昇進こそが職業的無能の原因になっていることを理解している人は一人もいませんでした。

勘違いの悲劇

S・N・スティックルは、鉛加工メーカーのベイソス・ブラザーズ社の有能な在庫管理事務員でした。夜学に通って必死に勉強した結果、スティックルは倉庫管理学と非鉄金属学での学位を取得し、その後、倉庫管理副主任への昇進を果たしました。

六年間そのポストで働いたのち、スティックルはさらなる昇進を求めました。しかし、指導力不足という理由で彼の願いは聞き入れられませんでした。倉庫の作業員を命令に従わせられないのでは、倉庫管理主任には昇進させられないとの説明でした。

しかしスティックルは、自分が管理主任として無能だという事実を受け入れることができませんでした。そればかりでなく、図体の大きい作業員が背の低い自分をバカにしているのだと考えたのです。

彼は上げ底の靴を買い、倉庫のなかでは帽子をかぶるようにしました。これで身長は高く見えるようになりました。加えてボディビルのジムにも通い、体重を増やして筋肉隆々の肉体へと変身を遂げたのでした。しかし、それでも作業員たちは彼の命令に従いませんでした。

スティックルは自分の肉体的欠陥をあれこれ思い悩み、深刻な劣等感に苦しむこととなり、とうとう精神科医のアドバイスを求めるようになりました。

治療を担当したハーティー医師は、身長が低くても富と名声を手に入れた人々の例をあげてスティックルを慰めようとしました。しかし、これが裏目に出ました。スティックルは、自分は背が低いばかりか、彼らのようにもなれない人生の落伍者だと思ってしまったのです。自信喪失は深刻さを増し、副主任としてもますます無能になっていきました。

精神療法が傷を広げる

スティックルの症例が示しているのは、職業的無能から引き起こされる問題に対処するためにはピーターの法則を理解することが不可欠で、精神療法に頼るだけでは傷口を広げかねないということです。

スティックルのケースでは、ハーティー医師は上背という見当違いな要因に引っかきまわされましたが、話は単純で、スティックルは会社の階層で無能レベルに達しただけのことだったのです。どんな精神療法をもってしても、その事実を変えることはできないのです。

スティックルは、倉庫管理副主任の地位で頭打ちになりはしましたが、それは挫折ではなく成就だったのです。そう教えてもらっていれば、少しは気が楽になったことでしょう。

さらに、こうした憂き目にあっているのは自分だけではなく、あらゆる階層社会で全員が同じようにピーターの法則に支配される運命なのだと悟ることができたら、彼も幸せになれたのではないでしょうか。

ピーターの法則を理解すれば、お手上げ状態の程度を問わず、あらゆる無能症状の分析と対処がしやすくなるはずです。

無能を自覚しても問題は解決しない

こんどは経営者の心の内面に目を向けてみましょう。だれかを昇進させたあとで、自分が見込んだその人物が、新しい地位での職責を全うできないということが判明し、後悔するというケースもあります。

「グリンドリーは班長としては、あまりパッとしないね」

「なんだかんだ言っても、ベターの後任にグッドじゃ厳しかったなあ」

「文書管理はカーディントンには向いてないんだよ」

場合によっては、昇進した人物が、昇進後の自分の無能ぶりを自覚することもあります。

しかし、こうした正しい認識は、後悔の念をもたらしはしても、事態を改善するための行動に結びつくことはほとんどありません。

却下された降格願い

エクセルシオ市で有能な教頭だったF・オーヴァーリーチが、校長に昇進しました。しかし彼は、前期も終了しないうちに、自分が校長に向いていないことを悟りました。

彼は教頭への降格を願い出ました。しかし、それは叶いませんでした！　オーヴァーリーチは悲しくやるせない思いを抱えたまま、無能レベルに留まることになったのでした。

適性検査は無能を防げるか？

先ほど私は、経営者も従業員も、問題の原因が自らの職業的無能にあることを悟っても、解決のための行動にはほとんど結びつかないと述べました。

すると、あなたはこんなことを考えたのではないでしょうか。

「適性検査を使ったらどうか？　経営効率調査だってあるじゃないか？　利害関係のない外部の調査機関なら、無能を診断して、適切な処置を指示できるはずだ」

はたしてそうでしょうか？　このことを考えるために、こうした専門家がどんな仕事をするのか見てみることにしましょう。

行き当たりばったりの採用と配置

昔は大半の職業において、人員の採用や配置は行き当たりばったりでした。雇用主の偏見や雇われる者の希望、あるいは、たまたまポストに空きがあるときに求職者が飛び込んでくるといった偶然に左右されていました。このような行き当たりばったりの登用は、今でも小さな組織を中心に見かけることがあります。

しかし、行き当たりばったりの登用では、満足のいく仕事ぶりが期待できないポストに社員を配置しかねません。月並みな仕事しかできないと、その人は性格に問題があるとか、意志が薄弱だとか、ぐうたらだと責められることになります。そうして、もっと一生懸命働くよう求められ、「意志あるところに道あり」とか「一度でダメなら、もう一度」といった言葉を聞かされては尻を叩かれます。

上司に疎《うと》まれてしまえば、最初の昇進からして大きく遅れることになります。ひょっとすると、自分は役立たずで、どうせ昇進なんかできないんだと悲観してしまうかもしれません（私はこの状態を

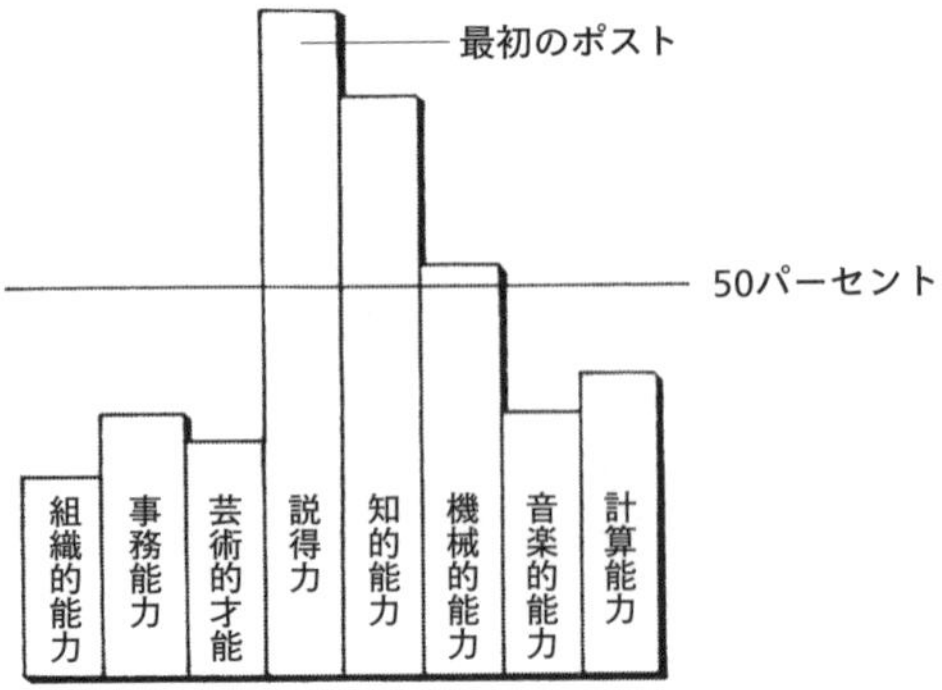

「偽善的いじけ症候群」と呼んでいます)。

行き当たりばったり登用法は今ではほとんど姿を消し、採用試験と適性検査がそれに取って代わっています。その背後にある考え方は、「何かやってダメなら、ほかのことにチャレンジする」というものです。

当然のことですが、たとえ適性検査を実施したところで、あなたの会社に、採点ができて、スコアの持つ意味を理解できる有能な人物がいなければ無意味です。無能な人間がこのシステムを採用しても、それは姿を変えた「行き当たりばったり登用法」にほかなりません。

しかし、結果が適切に処理されるなら、適性検査は有益です。これは一般的な職業適性や知能を見るテストで、言語能力、創意工夫の才、計算能力などを知ることができます。事務処理能力を測るテストもあって、数字の暗記力や名前と住所を間違えずに書き写す力などを教えてくれます。また、機械的能力、芸術的才能、身体能力、社会性、合理的判断力、説得力といったカテゴリーで被験者をランクづけするテストもあります。

検査結果は通常、プロファイルのかたちで示され、受検者のさまざまな分野での有能さがグラフで一目瞭然となります。前ページの図はその一例です。

このテストの目的は、その人物を高い能力を持っている分野のポストに早く配置することです。となれば、彼がそのポストから別のポストに昇進した場合、新しいポストは明らかに先のポストより不適切な分野の仕事になるわけです。

その例を見てみることにしましょう。

適性検査のマイナス効果

じつは、前のページに掲げたプロファイルは、C・ブリーズという商学部の学生が、空調機メーカーのI・C・ゲール社に就職したときに行われた適性検査の結果でした。グラフからわかるように、ブリーズは説得力の面で平均を大きく上まわり、知的能力の面でも高い能力を持っていました。

ブリーズは営業部員として採用され、やがて二度の昇進を勝ちとります。最初は地区の営業主任で、このときはまだ実際の営業をかなり行っていました。二度目の昇進では営業部長になりましたが、これは管理職であり、経営の一翼を担うポストです。

ここで注目してほしいのは、彼の適性検査でいちばん低いスコアだった（そして平均を大きく下まわった）項目が組織的能力だったことです。しかし、今まさに、彼はこの能力を日々発揮しなければならなくなったのです。

たとえば、部下の仕事の分担や登用がブリーズの仕事になりました。ハップ・ハザードはズブの素人の営業部員でしたが、ブリーズの命令で、新たに獲得したばかりの顧客のところに派遣させられ、結局、契約と会社の信用の両方を失って会社に帰ってきました。

新人として輝かしい営業記録を樹立したコン・マンリーを地方支店の営業部長に昇格させたところ、彼は部下の面倒をまったく見ようとしませんでした。計算づくで冷酷な人づかいのために部下は勤労意欲を失い、その支店の売上は過去最低にまで落ち込んでしまいました。

C・ブリーズはデスクワークもまったくいい加減でした。販売担当地区の割り振りは、交通の便、売上高、社員の経験年数や能力といった要素をまったく無視して決めてしまいました。彼のなぐり書きのメモや記録文書は判読不可能でしたし、机の上はゴミの山も同然でした。

ピーターの法則が予測したように、彼の職業人生は有能なポストから無能なポストへと進んでいったのです。

適性検査を受けた場合と受けなかった場合の最大の違いは、検査を受けた人は、受けなかった人より、少ない昇進回数で無能レベルに達するということなのです。

経営コンサルタントは無能を防げるか？

新規採用者の配属先を決定するのに外部機関の検査を利用すると、無能レベルへの到達を防ぐどころか、到達を早めてしまうということを私たちは学びました。

それでは次に、経営と仕事の効率を測定し、助言を与える経営コンサルタントの働きについて見てみましょう。彼らにお呼びがかかるのは、当然ながら、組織の成熟指数（二〇一ページ参照）が高くなってからのことです。

とりあえず忘れてならないのは、この経営へのアドバイスを行う人間たちも、やはりピーターの法則の影響下に置かれているということです。自分たちがこれから調査しようとしているクライアントをダメにしたのと同じような昇進の方法で、彼らも現在の地位までたどりついたわけです。当然、その多くが無能状態にある人間たちです。そのためクライアントの非効率さが見えたとしても、それを修正することなど彼らにできるはずがないのです。

経営コンサルタントのジレンマ

バルカリー冷凍貯蔵運送会社は、スピードウェルとトリマーという二人の経営コンサルタントを雇って、会社の経営効率を調査してもらうことになりました。

調査の結果、二人は、バルカリー社には同業他社の多くと比較して非効率的なところは見つからないと判断するにいたりました。けれども、慎重に探りを入れた結果、調査を依頼された本当の理由に気づきました。数名の取締役が、自分たちの考えを会社の経営方針に十分に反映させることができないと感じていたのです。

さあ、スピードウェルとトリマーはどんな手を打つことができるでしょう？「御社にはこれといった問題点はありません。効率性という点でもライバル社と比べて遜色ありません」などと報告できるでしょうか。これでは、お払い箱にされてしまいます。「役に立たないコンサルタントだ」という評判が立っても困るし、バルカリー社の仕事をライバルにさらわれるのを指をくわえて見ているわけにもいきません。

ジレンマに陥った二人は結局、「御社には人員が不足しており、配属も適切ではありません。いくつかポストを新設して、昇格人事を行われるのがよいと思います」と言わないわけにはいきませんでした。

こうしてテコ入れが図られ、不満をくすぶらせていた取締役たちは、人事権をちらつかせて、社内のさまざまな部署のさまざまなレベルで影響力を強めることができました。役員会は満足し、スピードウェルとトリマーの二人はしっかり報酬を受け取ることができたのです。

経営コンサルタントの舞台裏

① 基本的に経営効率調査は、組織内での年功序列による人事を一時的に凍結させる効果があります。必然的に、「引かれ昇進者」が新規採用されたり、昇進が早まったりしやすくなります。

② 経営コンサルタントが好んで行う助言は、二人の無能な管理職、または二つの無能な部署の関係を円滑にするコーディネーターを任命するというものです。* ただ、コンサルタントもクライアントもわかっていないことは、無能と無能をいくら調整しても無能の域を出ないということです。

③ アウトプットを高めるのに有効な唯一のアドバイスは、「もっと人を雇いなさい」というものです。無能レベルに達した古株たちではできなくなった仕事を、新規に採用された者がやってくれるかもしれないからです。有能な経営コンサルタントはこのことを理解しているので、階層の高位のポストについては「水平異動」や「強制上座送り」を勧め、階層の下位ではスーパー無能な人々の「厄介払い」をクライアントに勧めます。また彼らは、有能な人材がさらに力量を発揮できるようにするために、人事制度、生産方式、報奨制度などについても有益な助言を与えます。

* 経営コンサルタントを調べたところ、クライアント企業の経営陣にウケがいいのは「コーディネーターの任命」「水平異動」「強制上座送り」といった解決法だそうです。

まれに、階層の頂上に有能な人材が残っているケース（頂上有能）がありますが、こうした例を詳しく調べていくうちに、注目すべき心理学的現象が目に留まりました。それをここで解説することにします。

――みずから無能に突き進む人々

頂上有能にはめったに出会えませんが、まったくないわけでもありません。第1章で私は、「十分に時間があれば――そして組織に十分な階層があるなら――すべての個人は、その人なりの無能レベルに行きつくまで昇進し、その後はそこに留まり続けることになります」と書きました。

連戦連勝の軍司令官、成果をあげた教育長、好業績に導いた会社社長――こうした人たちは、無能に達するのに必要な時間がなかっただけなのです。

あるいは、もし有能な労働組合の幹部や大学の学長がいたとすれば、彼らは、その組織に十分な数の階層がなかったために、無能レベルに達しないで終われただけのことなのでしょう。

こうした人々を、頂上有能の状態にあるといいます。

よく観察してみると、頂上有能の人々は、そのままの場所に留まって有能であり続けることに満足しないことが多いようです。すでに階層の頂点にいるので、今いるところでは無能レベルに達することはありません。ところが、そんな人々は、別の階層社会に身を移したがる傾向が強いようで

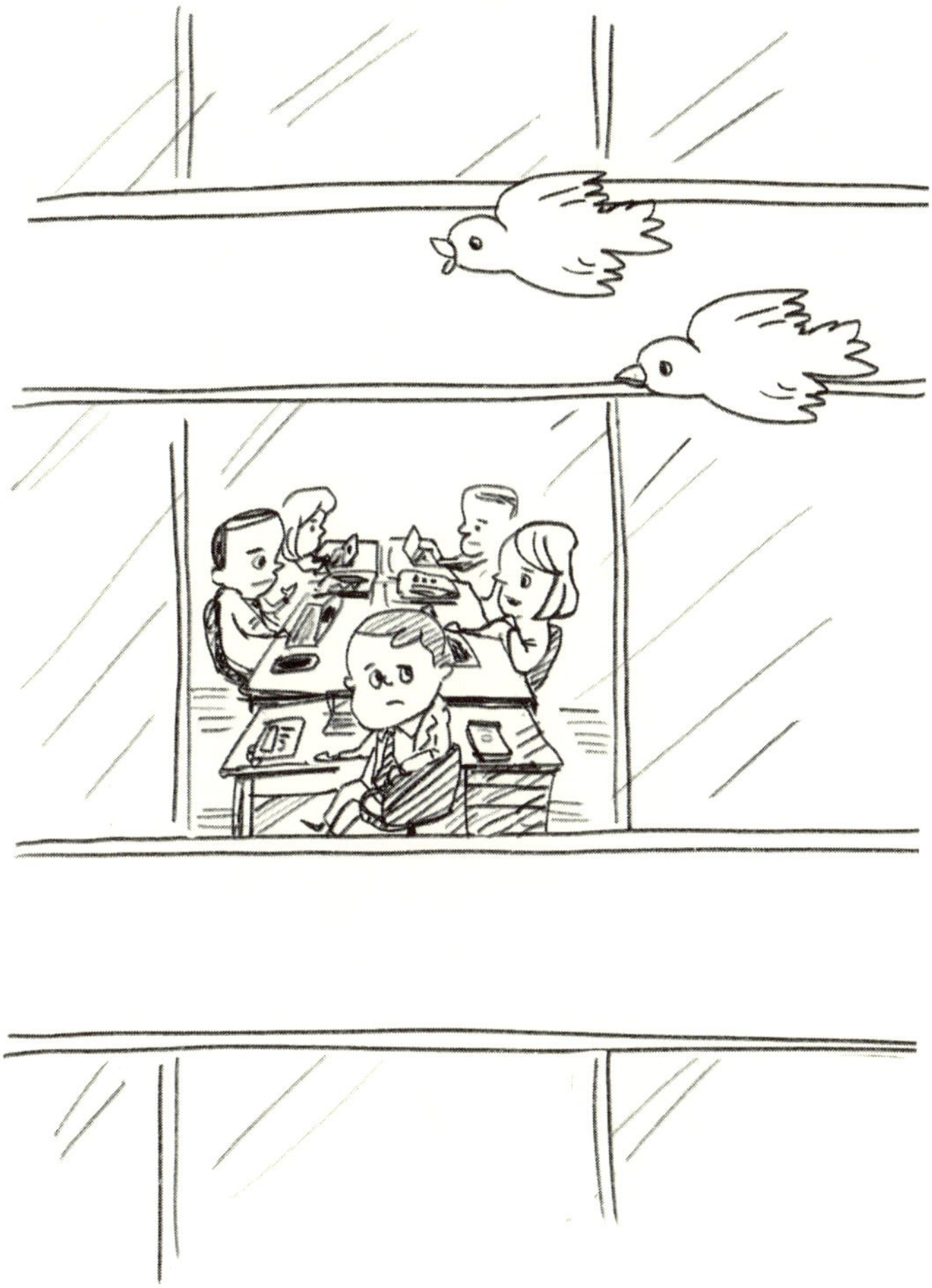

「ああ、もっと刺激があればなあ…」

す。たとえば軍隊から産業界へ、政界から教育界へ、娯楽産業から政界へといった移動です。そして新しい環境のなかで、前の社会では到達しなかった無能レベルに達するわけです。これを「強迫的無能」と呼んでいます。

強迫的無能に陥った人たち

マクベスは有能な軍司令官でしたが、国王の地位に就いた結果、無能になりました。

ヒトラーは、非の打ちようのない手腕を発揮した政治家だったのに、総統となって無能の域に達してしまいました。

ソクラテスは、比類なきすぐれた教師でしたが、弁護士として無能レベルに到達しました。

なぜ無能へと突き進もうとするのか？

その先で無能レベルが口を開けて待っているというのに、頂上有能者は決まってこう言います。

「もうこの仕事には刺激がない」

しかし、そんなふうにして無能に突き進む必要があるのでしょうか？*

じつは、無能レベルに達する手前の段階で踏み留まることは、より大きな、そしてより魅力的な冒険なのです。この点については、このあと第14章で説明することにします。

＊ 私の調査では、複数の階層社会で同時に頂上に立ちながら有能のままでいる「連山頂上有能」現象を示す人も、まれに存在することがわかっています。
アルバート・アインシュタインがこの例です。彼は相対性理論を打ち立てた極めて有能な思考力をもつ科学者でした。それと同時に、一見して明らかなように、男性ファッションの世界でも彼は非常に高い有能さを誇っていました。その髪型と飾らぬ服装は、今日でも若者たちの支持を集める一つのスタイルを確立しています。何の努力もなしにあれだけの功績を残すのですから、彼が本気を出していたら、どのような足跡をファッション界に刻んだのか、畏敬の念を抱かずにはいられません。

10 無能が無能を生む

ピーターの悪循環

PETER'S SPIRAL

「われわれの暮らしには、少しばかり堂堂巡りが多すぎる」
——ベンジャミン・ディズレーリ（英国の政治家）

前章で私は、階層社会学は無能を善悪の価値観で考えない、と指摘しました。実際、無能に陥った人々の多くも、生産的でありたいという強い願望を持っていることは明らかなようです。ここは、はっきりさせておきましょう。彼らも、願わくは有能でいたいと考えているのです。

——無能救済の涙ぐましい努力

無能になってしまった人々も、組織が崩壊したら職を失うことがわかっているので、階層社会の維持に努力します。ある会社の例を紹介しましょう。

壊れたジェネラル・マネジャー

ピアノ線メーカーのパーフェクト・ピューター社で二〇年間勤めあげたマル・ド・マールは、身を粉にして働いた末に、鉛の鋳型職人からジェネラル・マネジャーにまで昇りつめました。経営の一翼を担う座に就いてほどなく、彼は高血圧や胃潰瘍など、健康上の問題に次から次へと悩まされるようになりました。

社内ドクターは、仕事量を減らしてストレスをためないようアドバイスしました。取締役会も、次長をつけることでド・マールを重圧から解放しようと提案しました。彼を思えばこそのこうした助言も、ド・マールの抱えた問題を解決することはできませんでした。

階層社会学的に言えば、マル・ド・マールは、身体生理学的能力を超えて昇進させられてしまったのです。彼は会社の経営責任者として、相いれない目的や価値観を調和させなくてはなりませんでした。儲けをあげて株主や取締役を喜ばせ、良質の製品を提供して顧客には満足を与え、社員には納得のいく賃金と安全な労働環境を与え、地域社会に対しては社会的・家族的責務を果たす必要がありました。

あちらを立てればこちらが立たぬという状況のなかで、彼の身体は壊れてしまったのです。補佐役をつけようが、休養をとろうが、彼が経営責任者として果たすべき職責には何ら変わりありません。

ジェネラル・マネジャーを救え！

取締役会の勧めで、有能なエンジニアで数字にも強いJ・スマグリーが、ド・マールを補佐するアシスタント・ジェネラル・マネジャーに昇進しました。

しかしスマグリーは、モノを扱うのは上手でしたが、人を扱うのはさっぱりダメでした。人間というものがまるでわかっておらず、人事において優柔不断さを露呈してしまったのです。不完全なデータに基づいて決定するのが嫌で、人事の意思決定を先送りしたため、事態が逼迫《ひっぱく》して、最後にはにっちもさっちもいかなくなり、冷静さを欠いた軽率な人事を繰り返しました。

スマグリーは社会性の欠如のせいで、無能レベルに達していたのです。そこで、彼を補佐する人事担当マネジャーをつけることになりました。

アシスタント・ジェネラル・マネジャーを救え！

その人事担当マネジャーとして昇進したのがロリー・コスターでした。彼は心理学への造詣《ぞうけい》が深い人物でしたが、相手への思い入れがすぐに度を越してしまい、気持ちが揺さぶられる傾向がありました。

ある女性社員の報告書がデタラメで困るとスマグリーから苦情を聞かされたときには、気の毒なアシスタント・ジェネラル・マネジャーに激しく同情し、女性社員の軽率さに対する腹だたしさで頭がいっぱいになるのですが、こんどはその女性社員から、「スマグリーさんは部下に対して冷たく、計算高く、人間味に欠ける」と聞かされるや、スマグリーの薄情さに悲しみと怒りを禁じえず、涙を流すのでした。ロリーは情緒的な幼稚さによって無能レベルに達していたのです。

人事担当マネジャーを救え！

こうした人事上の問題を解決するため、人事監督者という新たなポストを設け、工場内で人望の厚い者を抜擢しようということになりました。

B・ウィルダーは同僚から信頼を寄せられている人物で、社会活動のリーダーとしても有名でした。いま彼は人事監督者として、経営方針が人事に正しく反映され、きちんと遂行されているかどうかをチェックすることを求められています。しかしウィルダーは、経営方針そのも

無能の算数

無能に無能を加えても 相変わらず無能のままである。

のが理解できていないので、その任を全うできませんでした。彼は抽象的概念を理解する知的能力を欠いていたために、まったく支離滅裂な決定ばかり下したのです。彼は知的能力の不足によって無能レベルに達していたのです。

無能の分類

パーフェクト・ピューター社で起こった話を紹介したのは、その報告から読者のみなさんに四種類の無能を理解してほしいと思ったからです。

- マル・ド・マールは、身体的能力を超えて昇進させられた。
- J・スマグリーは、社会的能力を超えて昇進させられた。
- ロリー・コスターは、情緒的能力を超えて昇進させられた。
- B・ウィルダーは、知的能力を超えて昇進させられた。

無能救済の無駄な努力

似たような話はたくさんありますが、この章で紹介したケースはその典型で、次のことを教えてくれます。すなわち、高位の無能到達者を救おうとする取り組みは、いかに真摯なものであっても、結局もっと多くの無能到達者をつくり出すだけだということです。

こうした状況のもとでは、人員の吹きだまりができることは避けられません。ピーターの悪循環が起こるところ、必ずや無能者が増え続け、経営の効率は決して向上することはありません。

無能の算数

無能に無能を加えても、相変わらず無能のままである。

11

あなたの病気の本当の原因は？

成功の病理学 THE PATHOLOGY OF SUCCESS

「厄介なことは、束になってかかってくる」

みなさんはここまで読んで、無能レベルに到達してしまったら、人間はもはや有益な仕事ができなくなるということを理解してくださったと思います。

しかし、勘違いしないでください。働き者だった人が、最終ポストに昇進したとたんに怠け者になるわけではありません。それは大きな誤解です！

たいていの場合、そうした人にもまだまだ働く意欲はあるのです。行動への意欲もあり、ときに当人は仕事をしているつもりにさえなっています。しかし実際のところ、有益なことはほとんど何も行われていないということなのです。

遅かれ早かれ（ふつうは早いですが）、彼らも自分が何ら有益な仕事ができていないことに気づき、滅入ってしまって体調を崩すことになるのです。

無能レベルに達した人々を襲う病気

ここで私たちは蛮勇をふるって、医学の領域に足を踏み入れなくてはなりません！　すでに終点到達症候群という名の身体的症状について触れましたが、ここでそれらを説明しましょう。

終点到達症候群について知るために、私は網羅的なリサーチ計画を立て、多くの一般開業医に次の二つの質問をしてみました。

① 成功を収めた人たち*に最も共通して見られる身体的症状は何ですか？

② 成功を収めた人たちが患者の場合、どのようなアドバイスや処置をしていますか？

医師たちの回答を突き合わせたところ、以下の病名が多く寄せられました。

a　消化性潰瘍
b　けいれん性大腸炎
c　粘液性大腸炎
d　高血圧
e　便秘
f　下痢
g　頻尿
h　アルコール依存
i　過食と肥満
j　食欲不振
k　アレルギー症
l　過度の緊張
m　けいれん

n　不眠症
o　慢性疲労
p　不整脈
q　その他の心循環系の疾病
r　偏頭痛
s　吐き気と嘔吐
t　軟便
u　めまい
v　月経不順
w　耳鳴り
x　多汗症
y　神経性皮膚炎
z　性的不能

＊　一般の社会学者や医師たちが呼ぶ「成功を収める」という表現は、階層社会学者にとっては、当然、「終点に到達する」という意味に理解されます。

これらはすべて「成功者」に現れる自覚症状で、器質性疾患がない場合でも起こりうるものです。すでにおわかりでしょうが、こうした症状は、背負った責任の大きさのために患者が身体的に無能状態に達したことを示すものです。

偏頭痛の時間です

T・スロブモアは、事務機器メーカーであるクラックロー社の営業担当副社長ですが、週一回の役員会議をたびたび欠席せざるをえませんでした。月曜日の午後一時三〇分ごろになると、ほぼ決まって偏頭痛に襲われるからです。

業績発表の時間です

グラインドリー・ギア・アンド・コッグ社の社長C・R・ディアックは心臓に持病を抱えています。そのため周囲の人々は、彼を興奮させたり、イライラさせたりするようなニュースがいっさい耳に入らないよう、常にガードを固めています。そういうわけで、ディアックは会社の経営に口をはさめる状態にはなく、年に一度の株主総会で会社の業績が絶好調だということを読みあげる以外に仕事がありません。

成功者に現れる自覚症状

無能症候群、いまだ特定されず

ここでいろいろな病名をあげましたが、終点到達症候群とは、これらが複数併発している状態を言います。*

ただ残念ながら、今までのところ医学界は、終点到達症候群の存在を特定できていません！　それどころか医師たちは、診断学などというエセ科学に代わって、私が階層社会学を適用しようとすることに対して冷ややかな目で見ているだけです。しかし、やがて真実は明らかになるでしょう！　時がたち、どんどん社会の無秩序化が進行するにつれて、彼らの認識も必ずや改められることでしょう。

原因を見誤った治療

終点に到達した患者は、自分の置かれている状況を正当化します。職業上の無能に陥ったのは病気のせいで、たとえば「この頭痛さえなくなれば、仕事に専念できるんだが」と言ったりするのです。「消化不良が治りさえすれば」「酒さえやめればいいのはわかっているんだが」「一晩だけでもぐっすり眠れれば」といったセリフも同じです。

医師のなかには、こうした言い訳を額面どおりに受け止めて、病気の根本的原因の究明をせずに、表面に現れた症状のみに目を奪われる者がいます。

薬の投与や外科手術でこうした症状に立ち向かえば、一時的な救済にはなるかもしれませんが、あくまでそのとき限りです。そのことを忘れてはいけません。それで患者が有能さを取り戻すことなどありえません。無能という腫瘍をメスで一気に除去することなど不可能なのです。

間違ったアドバイスの数々

「くよくよするな」

「そんなに根をつめて働かないで」

「息抜きもしなくちゃ」

気持ちを楽にさせようというこの手の言葉は無意味です。多くの終点到達者は、有益な仕事ができていないことを十分に自覚していて、そのために不安にかられているのです。そんな人に「仕事をしすぎるな」などとアドバイスをしても、まったく的はずれです。

また、友人ぶって自分の人生哲学を披露したところで、やはり無駄です。

「自分一人で世界じゅうの問題を背負うようなことはやめたほうがいい！」

「だれにだって悩みはあるさ。そのくらいですめばいいほうだよ」

＊ 終点到達症候群と終点到達もどき症候群を確実に見分ける方法については第5章を参照のこと。

「君の年齢なら、だれもが経験する問題さ」

こんな月並みな教えで納得する終点到達者はまずいないでしょう。彼らは自分のことしか見えなくなっています。哲学めいたことや他人の悩みには関心がありません。とにかく自分の仕事上の悩みを解決したい一心なのです。

脅迫めいた助言もよく聞かれます。

「こんなことを続けて、病院で寝たきりになっても知らないぞ」

「力を抜かないと、そのうち本当にバッタリ倒れちゃうよ」

これも無意味です。患者は「こんなことを続け」ないわけにはいかないのです。もう一度昇進でもすれば生き方を変えられるかもしれませんが、すでに無能レベルに達しているので、それも期待できません。

また別のパターンとして、禁欲を勧めるタイプのアドバイスもよく耳にします。

「ダイエットしたらどうだい」

「酒の量を減らさなくちゃね」

「たばこをやめるんだな」

「夜遊びもほどほどに」

「セックスの回数を減らしなよ」

この手の言葉も空振りに終わります。終点到達ずみの患者は、仕事に喜びを見いだせず、もうゲンナリしているのです。なのに、数少ない仕事以外の楽しみまであきらめなくてはいけないなんて、踏んだり蹴ったりではありませんか。

それどころか、人間は肉体的快楽にひたると、なにがしか有能な気分を感じるものなのです。「みごとな食べっぷりだね」とか「ヤツはめちゃくちゃ女性にモテるんだ」とか「あいつは酒が強いからね」といったほめ言葉が存在すること自体、それを裏づけているではありませんか。こうしたセリフは、ほかにほめてもらえるものがなくなってしまった人間のプライドをくすぐるわけで、みすみすこの快感を放棄する気にはならないでしょう。

病は気から？

医師のなかには、終点到達者に器質性の障害を何も発見できなくて、そんな症状はそもそも存在しない、と言いくるめようとする者もいます。

「どこにも異常は見つかりませんから、精神安定剤でも飲んでおきなさい」

「過敏になっていますね。自分で病気だと思っているだけです。気持ちの問題ですよ」

このような助言をされても、当然のことながら、効果が長続きするわけがありません。患者は、医師が認めようが認めまいが、自分がそうした症状で苦しんでいることを十分すぎるぐらい知っているのです。

こうなると患者は、その医師への信頼をなくします。自分の病気をちゃんと理解してくれる医師がどこかにいるはずだと考えて、別の医師のもとへ走るのがふつうです。場合によっては正統な医学に見切りをつけ、民間療法家に診てもらおうとすることもあるでしょう。

投薬も外科手術も効果がないとなると、精神療法が試みられることもあります。しかしこれも、終点到達症候群の根本的な原因となっている職業的無能に対して何ら影響を及ぼさないので、たいていはうまくいきません。

気を紛らわすのが最高のクスリ

私の調査によれば、終点到達症候群に苦しむ人たちに唯一効果があるのは、気晴らし療法でしょう。


「ブリッジでも習いなさい」

「切手集めを始めたらいいよ」

「ガーデニングをやったらどうだい」

「アウトドアの料理は楽しいよ」

「一から絵の勉強をしてみたら？」


医師たちは、患者が仕事でお手上げ状態になっているのを察知して、なんとか対処できそうな別の分野に関心を向けようと試みるのです。

気の紛らわせすぎ

百貨店の幹部だったW・ラシュムアは、午後になると職場には戻らず、会員制のクラブで過ごしていました。終点到達症候群がかなり進行していたラシュムアは、アルコール依存症の一歩手前で、軽い心臓発作も二度経験し、ひどく肥満が進んでいたうえに、慢性の胃弱でも苦しんでいました。

そんな彼が、医師の勧めでゴルフを始めるようになりました。その面白さに目覚めたラシュムアは、午後になると夢中でクラブを振り続け、技術も一気に上達しました。しかしある日、彼はゴルフ場でカートを運転中に心臓発作に襲われ、この世を去りました。

ラシュムアのケースのポイントは、彼は病気からは解放されなかったものの、仕事における終点到達症候群から脱し（仕事の悩みにおさらばして）、ゴルフに取りつかれた単純な終点到達もどき症候群の患者に変身したということです。その意味で、この治療は成功だったと言えるでしょう。

こうしたアドバイスをしてくれる医師は、明確に意識していなくても、病気の原因として職業的無能が存在していることを理解できているようです。彼らは患者に対して、職業以外の分野で自分の有能さを感じられるように試みているのです。

非健康的なステータスシンボル

もうひとこと付け加えておきます。このごろでは、終点到達症候群自体が、地位の高さの象徴となってきたために、社会的に注目を集めるようになってきました。

終点到達症候群を自慢したいために、患者たちは、自分の潰瘍や心臓発作のほうが深刻だと競い合うありさまです。終点到達症候群のステータスが異常に高くなってしまった結果、仲間入りしたい一心で、終点到達症候群になりすます者さえ出てきそうな雲行きです。

12 無能ゆえの奇妙な行動

ピーターの人間観察

NON-MEDICAL INDICES OF FINAL PLACEMENT

「合図と予兆をどう見抜けばいいのだろう」
——ヘンリー・ワーズワース・ロングフェロー（米国の詩人）

階層社会のなかで、終点に到達した人間とまだの人間の区別がつけば、何かと便利です。前章では、終点到達者を悩ませる病気の数々を紹介しましたが、残念ながら、カルテは簡単に入手できるものではないので、その人が終点到達症候群に悩んでいるかどうかはわかりません。

そこで、終点到達者を見分けるのに役立つ、病気以外の症状をいくつかここで紹介しましょう。

デスクまわりに表れる無能の症状

デスクの上がどんな様子かを分析することは、階層社会学において重要かつ意義深い研究領域です。

ふつう有能な社員がデスクに置くのは、仕事で必要な本や書類や文房具だけです。しかし、終点到達を遂げた者の机は、いっぷう変わった、かなり意味ありげな様相を呈します。

電話依存症

このタイプの人物は、「同僚や部下と満足に連絡がとれない」と愚痴をこぼすことによって、自らの無能さについて言い訳しようとします。その問題を解消するために、電話を数台、押しボタンと点滅ランプとスピーカーを内蔵したインターフォンを一台ないし数台、さらに会話を記録する録音機を一台ないし数台、机の上に設置します。

やがて彼は、これらを二、三台同時に使うのが癖《くせ》になってしまいます。こうなると、電話依存症まであと一歩です。この症状は悪化するスピードが速く、一般的には治療不可能と考えられています。

（余談ですが、電話依存症は、主婦として無能レベルに達した女性のあいだでも勢力を拡大しています。典型的なパターンは、マイクとスピーカー付きで回線の切り替えもできる電話機を台所に備えつけ、ダイニングルーム、洗濯室、子ども部屋、ポーチ、隣の家や自分の母親と、いつでも緊密に連絡できるようにしているというものです）

書類恐怖症

デスクの上に書類や本があると耐えられないのが書類恐怖症の人たちですが、極端な場合には、仕事場にいっさい書類を置かないというケースも見受けられます。書類を一枚でも見るたびに、自分がやり遂げられないでいる仕事のことを思い出してしまうのでしょう。紙さえ見たくなくなるのも当然といえば当然です。

しかし、この恐怖症を逆手にとって、机を整理整頓——当人はそう言います——することで、自分はどんな仕事もあっという間に片づけてしまうという印象をまわりに与えようともくろんでいます。

書類溺愛症

書類溺愛症にかかると、書類恐怖症の逆で、目を通すこともない書類と本の山で机をぐちゃぐちゃにしてしまいます。意識してかどうかは別として、人間には到底こなせない量の仕事に忙殺されているといった印象をまわりに植えつけることで、彼は自分の無能を覆い隠そうとしているのです。

ファイル偏執症

ファイル偏執症になってしまうと、書類の整理や分類をとことんやらないと気がすまない狂気的な症状が現れます。どんな書類であれ紛失するわけにはいかないという病的なまでの恐怖心をともなうのがふつうです。もう終わってしまった仕事の再整理と再調査で忙しくしているために、今やるべき重要なことを全然やっていないという事実を仲間に悟らせず、自分も忘れていられるように仕向けるわけです。過去の記録に没頭するあまり、彼は現在に目を向けることができません。

巨大デスク依存症

同僚よりも大きな机を持つことに異様な執着を示します。

デスク恐怖症

仕事場からいっさいの机を撤去してしまいます。この症状が見られるのは、階層の最高位にある人々に限られます。

デスクまわりに表れる無能の症状
あなたはいくつわかるかな？

――無能の心理学的症状

私は、高位のポストを退いたクライアントや同僚たちの面接調査にずいぶん時間を割いてきました（もはや立派な執務室ではなく待合室でのインタビューでした）。この調査によって、終点到達者たちが示す興味深い心理学的兆候をいくつか発見しました。

自己憐憫《れんびん》症

取締役会は、その時間の大半が、役員たちの苦労話とボヤキの場と化しています。

「だれ一人、私を心底評価してくれるヤツがいないんだ」

「協力してくれる人間が一人もいない」

「上からはひっきりなしにプレッシャーをかけられて、それでいて仕事のできない部下を押しつけられるんだから、ロクな仕事ができないよ。仕事がたまる一方だってこと、わかってほしいよなあ」

自分を哀れむこのような思いは、自分がまだ下の地位にいて有能だった古き良き日々の思い出にふける回顧主義と深く結びついているのがふつうです。

この複雑な思い――感傷的な自己憐憫や、現在に対して否定的で過去をやみくもに賛美する情――を私は「蛍の光コンプレックス」と呼んでいます。

「蛍の光コンプレックス」の興味深い特徴は、自分は現在のポストの殉教者だと嘆きながら、その地位を別の人間に明け渡すような素振りを微塵も見せないことです！

フローチャート狂信症

無能レベルにたどりついた者のなかに、組織図や業務フローチャートに異常な関心を持ち、どんな些細な仕事でも、そのフローチャートに従って処理されるべきだと言い張るフローチャート狂信症を発見することがあります。それで仕事が遅れようと、損失を招こうと関係ありません。この症状をわずらう患者は、組織図や業務フローチャートを壁に貼り出し、自分の仕事そっちのけで、チャート中の自分の居場所をしみじみと見つめていることがあります。

難癖《なんくせ》症

終点に到達するやいなや、部下を常に不安定にしておくことによって、自分の危うさを覆い隠そうと努める上司もいます。

このタイプの上司に、部下がレポートを提出したとします。するとこの上司は、レポートを脇へ放り投げて、こう言うのです。

「いちいちこんなくだらん文章につき合ってるヒマはないんだよ。口で言ってみたまえ――要点だけな」

かといって、部下が口頭で何か提案し始めると、話を最後まで聞かずにこう言うのです。

「ちゃんと紙にしてくれ。まるで雲をつかむようで、話が見えない」

自信満々の部下に対してはガツンとへこませ、おどおどした部下にはなれなれしく接して戸惑わせる。この難癖症は、第8章のポッターのところで触れた「先手必勝術」と同じではないかと混乱する人もいるでしょう。しかし、二つはまったくの別物です。ポッターの方法は、それによって無能レベルに進むのに対して、難癖症は、すでに無能レベルに達した上司が防御策として使うテクニックなのです。

こうした上司に仕える部下は、次のようにこぼすしかありません。

「あの人にはどうやったら取り合ってもらえるんだろう？」

シーソー症候群

この症状で悩んでいる人は、自分の地位にふさわしい決断がまったくできません。際限なく思案して、イエスとノーのあいだをいつまでも揺れ動き、結局、決めあぐねてしまうのです。彼はそうした優柔不断さを、重々しくも「民主主義の手順に則《のっと》って」とか「先々をにらんだ視点に立って」などと正当化します。そうしてその問題を、だれかほかの人が決定してくれるか、もう決断しても手遅れという状況になるまで放置しておくのです。

ところで、シーソー症候群にかかる人は、書類恐怖症を同時にわずらっていることが少なくありません。そこで彼らは、書類がまわってこないような工夫をします。ここで効果を発揮するのは、下への丸投げ、上への丸投げ、そして外部への丸投げという方法です。

下への丸投げでは、書類一式が有無を言わさず部下に押しつけられることになります。「こんなつまらんことで、わずらわされては困る」

そういうわけで部下は、責任の範囲外の決定まで下さなくてはならなくなります。

上への丸投げは、巧妙にやらなくてはいけません。どんなに些細なことでも、その仕事が通常とは違う点を探し出し、上司に仕事を押しつけることを正当化しなくてはならないからです。

外部への丸投げは単純で、人を集めて会議を開き、そこでの多数決に従うだけです。一つのバリエーションとして「庶民感覚への丸投げ」があります。これは、一般市民がどういう意見を持っているか調べてくれる人に書類一式を送りつけてしまうというものです。

シーソー症候群に苦しんでいた公務員が、まったく独自の方法で仕事の悩みを解決した例があります。彼は、自分で決断できない案件を任されたとき、なんと夜中に庁舎に忍び込んで、ファイルからその関連文書を抜き取って捨ててしまったのです！

外見偏屈症

シェークスピアはその作品のなかで、終点到達者たちの姿を興味深く描いています。それは、仕事にはまったく関係のない部下や同僚の身体的特徴をあげつらい、バカらしい偏見をもって接する姿勢です。彼の描くシーザーは、こんなセリフを吐きます。

太った男たちを私に仕えさせるのだ
あのカシウスは、痩せて、飢えた目つきをしておる
あの手は、あれこれ詮索しすぎる危険なヤツだ

また、フランスの皇帝ナポレオンは、政権末期に自分の家臣を鼻の大きさで判断したという信頼すべき史料が残っています。大きな鼻の人間だけをひいきしたというのです。
こうしたことに取りつかれてしまうと、あごの形や言葉のなまり、コートのデザインやネクタイの幅などといったものを根拠にして好き嫌いを言い出しかねません。現場での職業的有能さや無能さは無視されるのです。この手の偏見を私は「外見偏屈症」と呼んでいます。

惰性的バカ笑い症

仕事を放ったらかしにして冗談を連発する癖が止まらない人は、確実に終点到達状態にあります。

建造物執着症

これは建造物に対して異様なまでの執着を見せるという症状です。建物そのものだけでなく、建

築計画、工事、維持補修、改築など、すべてが執着の対象です。一方、本来その建物のなかで行われている仕事、あるいは行われるべき仕事への関心をなくしていくのも、この症状の特徴です。建造物執着症はすべての階層社会で確認できますが、最も顕著な症例が観察できるのは、間違いなく政治家と大学の学長という職業です。

建造物執着症が異常なレベルにまで進行すると、「巨大モニュメント狂」といって、どうしても大きな墓や記念碑、記念像をつくらないと気がすまなくなってしまう状態に陥ります。これが蔓延していたのが古代エジプト人であり、私が勤務する南カリフォルニア大学の関係者にも同じ傾向が見られるようです。

知識のない人は、建造物執着症と箱物依存症《エディフィス・コンプレックス》を混同しがちです。建物そのものに取りつかれてしまう単純な建造物執着症と、建物と密接に結びつく感情や価値判断までも含む複雑な箱物依存症とは、はっきり区別することが必要です。

箱物依存症は、教育や医療や宗教の分野で改善をめざす慈善活動家をしばしば悩ませます。彼らは、教師や医師や聖職者に対して「自分に何ができるか」と相談しますが、相談された相手は無能レベルにあるので、妙案は出てきません。彼らが建造物執着症にかかっていたら、新しい建物を希望することになります。こうして、意見がまとまる唯一の案が、「新しい建物をつくる」ということになるのです。

教会の信徒代表委員や学校評議委員や財団の理事も、やはり箱物依存症に陥ることがあります。まわりのだれもがあまりにも無能なので、人間や企画に予算を使うよりも、ポンと建物をつくるほうがましだと判断してしまうのです。

あらゆるコンプレックスについて言えることですが、建造物執着症も箱物依存症の場合も、患者は理解しがたい行動に走ります。

牧師より教会堂

エクセルシオ市のファースト・ユーフォリア教会の信徒代表者委員会は、礼拝者数の減少を憂慮していました。そこで、さまざまな提案が出され、検討が行われました。

ある一派は、牧師を新しい人に代えようと提案しました。現代人の実生活に関わる話をほとんどしてくれないセオ・ロゴ牧師の古くさい説教にはうんざりしていたのです。そこで、特別に臨時の牧師が招かれ、性革命や世代間ギャップ、戦争の無意味さ、新しい道徳観について問題提起がなされました。委員のなかの保守派は、こんな過激な説教が続くなら脱会すると言って抗議しました。

結局、委員会は、献金を募って新しい教会堂を建設するということで合意に達しました。ロゴ牧師は薄給のままで留任しました。

新しい教会ができてみると、ただでさえ少なかった礼拝出席者が、大きくなった会堂のなかでますます少なく感じられるようになりました。そこで、もっと熱い説教をしてくれる牧師を招聘《しょうへい》しようという声が再度あがりましたが、こんな薄給で来てくれる人はいないという理由で、結局その意見は退けられました。牧師の獲得に高給を払っていたのでは、新しいオルガンの購入と多目的ホールの建設に回すお金がなくなってしまうというのも、招聘が見送られた理由でした。

建造物執着症とは、自分の名誉をたたえる建築物や記念碑を病的なまでに欲しがる症状です。一方、箱物依存症は、何かを改善しようとして取り組みを始めるものの、結局は無意味な建物を新しくつくってしまうという病気です。

チックや奇癖

いっぷう変わった身体的な癖やチックが、終点到達後の人間に出てくることもあります。注目すべき例の一つが、チャールズ・ディケンズの鋭い観察によって描かれた「ヒープの揉《も》み手」です。また、爪を噛むこと、指や鉛筆で机をトントン叩くこと、指の関節を鳴らすこと、万年筆や鉛筆やペーパークリップをくるくる回すこと、無意味に輪ゴムを引っぱってはパチンとはじくこと、特に悲しい理由があるわけでもないのに深いため息をつくことなども奇癖のたぐいでしょう。

終点到達者は、しばしば上の空でいることもあります。中空のどこかを際限なく呆然と見ているのです。その人が責任感に苛《さいな》まれているからだと考える人もいるようですが、階層社会学者はそうではないことを知っています。

――話し方に表れる無能の症状

頭文字・略称愛好症

頭文字・略称愛好症は、頭文字と数字を使って話すことに並々ならぬ執着を示します。たとえば、「FOBは八〇二の件でBUのIMCを代表するOCとしてNYにいる」などと言ってみたりします。かりに聞き手がその文章の意味を、「フレデリック・オービル・ブレームズワージーは、連邦法案第八〇二号に関する件で、ブーンドック大学の教育資料センターの調整責任者としてニューヨークに出張中だ」と理解できたとしても、そのときにはすでに「もっとわかりやすく言ったらどうだ」と言葉をはさむ機会を失っているのです。頭文字・略称愛好者の手にかかると、とるに足らないことが重々しく響きますが、これがまさしく彼らの狙いと言えます。

万能会話・万能スピーチ

終点到達後、思考を停止したり、思考量をばっさりと減らしたりする者がいます。彼らはそれを覆い隠すために、「万能会話」や、著名人の場合には「万能スピーチ」といった文章を常に用意しています。そこには印象に残る言葉がふんだんにちりばめられているものの、実際には聴衆に合わせてところどころ言葉を入れ替えれば、あらゆる状況で使えてしまう内容空疎な代物なのです。

私が「重役ゴミ箱調査*」を行ったところ、次のメモが見つかりました。これは明らかに「万能スピーチ」の下書きの一部だと思われます。これを書いた人間は相当追い詰められた状況にあると思われるので、彼の名前を明かして追い討ちをかけるのはやめておきます。そもそも私の目的は人々の教化であって、人をはずかしめることではありません。以下、彼が書いた原稿です。

お集まりの紳士淑女のみなさま――

この困難な時代にあって、こうしてみなさまに○○をテーマにお話しさせていただけることは、私にとって大きな喜びです。この○○につきましては、今日、長足の進歩を遂げていることはみなさまもご存じのことと思います。私どもがこの地区で成し遂げてきたことについては、当然、大いに誇りとするところですし、それは、だれの目にも正当なことと映るはずです。しかし、ここで忘れるわけにいかないのは、さらに大きな分野における貢献に並々ならぬご尽力をくださった

* この調査方法には制約があります。会社によってはオフィスのゴミ箱にカギをかけ、ライバル企業によるスパイ活動が行われないよう対策が講じられているからです。ゴミは回収されるやいなや、たちまち焼却され、すべてが盗用不可能な灰と化します。

個人やグループへの感謝の気持ちです。地方レベル、国家レベル、そしてあえて申し上げますが、国際レベルにおいてもまた然《しか》りです。

私ども一人ひとりの献身的努力と決意、そして根気強い取り組みで成しえることを過小評価してはなりませんが、同時に、過去から現在にいたる、最高の英知をもった人々が頭を悩ませてきたことを、私どもが何でも解決できると考えるのもおこがましいと思う次第であります。結論として、私は自分の考えをありのままに、一点のあいまいさもなく申し述べたいと存じます。

私は断固として進歩を支えていく所存です。進歩を追求していく所存です。そして、その進歩を自らの目で見届けたいと願うものであります。しかしながら、私が求めるのは真の進歩であって、目新しさに心奪われ、旧来のものを少しばかり切り落としたり修正を加えたりしただけのものではありません。

みなさま、私が思うに、真の進歩とは、私たちが本当に気持ちを一つにして、偉大な歴史的遺産の上にしっかりと腰を据えることができたときに初めて成し遂げられるものなのです。私たちの真の力は、現在も未来も、こうした偉大な伝統を抜きにして語ることはできないのです。

──余計なお世話でしょうが……

あなたの周囲に、ここまで見てきたような徴候の見える人がいないかチェックしてみてください。同僚たちの分析に大きな効力を発揮しますよ。しかし、なんといってもいちばん困難なのは、自己分析でしょうね。階層社会学者よ、汝を救え！

13 無能レベルでの健康と幸福
すりかえの術
HEALTH & HAPPINESS AT ZERO PQ

「彼らは、このあと降りかかる災難をまったく予想せず、
明日からのことを気にとめるわけでもない」
――トーマス・グレイ（英国の詩人）

無能レベルに達した人は、昇進指数*がゼロになります（ピーターの頭打ち）。この章では、こうした状況に対処するさまざまな方法を見ていくことにします。

* 昇進指数（PQ：Promotion Quotient）：従業員の昇進の見込みを数値化したものです。この指数が0になると、その人物は昇進の有資格者ではなくなります。この昇進指数に関しては、無能の数値的側面についてまとめた研究論文『ピーターのプロファイル』が詳しいのですが、出版にはいたっていません。

おすすめできない現実直視

まず、自分が無能レベルに達していることに気づいた人を見てみましょう。彼らは、自分が「終点に到達してしまった」こと、「無能レベルに達した」こと、「噛みちぎれないものに噛みついてしまった」こと、「身長以上の深みに立たされた」こと、「一丁あがり！」になってしまったことを理解しています（これらはすべて同義の表現です）。

この事実を直視できる人は、無能を怠惰と同一視する傾向があります。自分はまだ一生懸命働いていないと思い込み、罪悪感にかられるのです。

彼は、もっと働きさえすれば困難な状況を乗り越えて自分はもっと有能になれると考えます。そこで非情なまでに自らを仕事に駆りたて、休憩もとらず、昼食の時間も働き続け、夜も週末も、自宅に持ち帰った仕事に打ち込んでしまいます。そして、たちまち終点到達症候群の犠牲者となってしまうのです。

しかし、自分が無能レベルに達していることにまるで気づいていない人も多く存在します。こういった人は常に忙しく働き、さらに自分は昇進できるという希望をまだ失っていないので、幸福で健康です。

読者のみなさんは不思議に思うことでしょう。「どうしたら、そんな人になれるの？」

すりかえテクニック

その方法をお教えしましょう。本来の職責を果たさずに、その代わりとなる別の行動パターンを見いだして、とことんそれに従えばよいのです。

このすりかえのテクニックのいくつかをここで紹介していきます。

テクニック1――無限準備

有能な人物であれば、重要な仕事が目の前に現れたら、すぐにそれに着手します。しかしすりかえ屋は、仕事に着手する一つ手前の段階で時間をかせぎ、せっせと動きまわります。よく採られる方法には次のようなものがあります。

① 行動を起こす必要性を確認する――筋金入りのすりかえ屋は、行動すべき理由がどれほどあっても動き始めません。「石橋を叩いて渡る」もしくは「急がば回れ」が座右の銘です。「たっぷり時間をかけて必要性を検討していれば、そのうち必要性は消えてなくなってしまう」(ピーターの結末予知)というわけです。たとえば、飢餓救済の計画なら、その必要性を長々と調べているうちに、救済する相手がいなくなってしまうのです!

②　代案を徹底的に検討する――行動の必要性が確認できた場合、すりかえ屋は、自分の選んだ方法が最善かどうかを、どんなに時間をかけてでも確かめようとします。この代案検討法は、それ自体が代案です。当人はシーソー症候群の患者ほど狼狽《ろうばい》しているわけではありませんが、その一種と考えてよいものです。

③　専門家に助言を依頼する――最終的に選択した方法を効果的に実行に移すために、専門家のアドバイスを求めます。委員会が立ちあげられ、助言が求められます。何を助言してもらえばよいかについての助言が求められることもあります。このテクニックのバリエーションには、先人の例を探すという方法もあり、この場合、過去の偉人たちに学ぶことになります。

④　順序だてて事を運ぶ――行動を起こすためには、準備のあらゆる段階に、緻密な注意を向けなくてはなりません。それは骨が折れ、時間のかかる仕事です。例をあげると、予備の書式、予備の部品、予備の弾薬、予備の資金などを確保します。ゴールをめざすためには、なんといってもまず現在の足場を固めるところから始めるのです。

これらの手法のいくつかを駆使した興味深い事例があるので、次に紹介しましょう。

貧困撲滅は豪華ビル建設から

グラント・スウィンガーは、ディープレスト地区の社会福祉事業部次長として政府や慈善団体とかけ合い、社会福祉運動の予算を確保するなど、卓越した手腕を発揮して、きわめて有能だと評価されてきました。

貧困の撲滅がこの地区でも宣言され、スウィンガーは貧困撲滅運動の調整委員長に任命されました。強者とうまく渡り合えるのだから、弱者を助ける面でもきっと彼は有能だろうと判断されたのです。

私がこれを書いている今も、スウィンガーは、貧困撲滅運動のスタッフを収容し、弱者救済のシンボルとなるオリンピアン・ビル建設のための資金調達に駆けずりまわっています（順序だてて事を運ぶ）。「役所は決して生活の苦しい方々のことを忘れていない、ということを理解してもらいたい」とスウィンガーは言っています。

次に彼は、諮問委員会を招集し（専門家に助言を依頼する）、貧困問題調査のための資金を調達し（行動を起こす必要性を確認する）、類似の計画がほかの国ではどのように準備され実行されているかを視察する目的で、西欧諸国を訪問しようとしています（代案を徹底的に検討する）。

ここで注意したいのは、スウィンガーは朝から晩まで忙しいこと、新しいポストの仕事を楽しんでおり、自分が立派に仕事をしていると心の底から信じているということです。

彼にはよいイメージがついてまわるので、選挙に出てみないかという誘いもあるのですが、彼は謙遜して取り合おうとしません。要するに、彼はきわめて巧みに「すりかえ」をやってのけているわけです。

テクニック2——わき道スペシャル

P・グラッドマンは、サガモア・ソファー会社の工場長に昇進しました。彼に与えられた任務は、うらぶれてしまった工場の生産性を高め、採算がとれるようにすることです。

グラッドマンは、自分がこの任務には無能であると即座に悟りました。そこで、すぐに生産性の問題を考えるのはやめにしました。そして、工場と事務所の人事や人間関係ばかりに心を砕くようになり、生産性の問題とすりかえたのです。

彼は連日、労使間には対立がなく、労働環境は快適そのもので、工場の全従業員が「幸せいっぱいの大家族」（グラッドマンの表現）であることを確認するのに時間を費やしたのでした。

幸運なことにグラッドマンは、若くてまだ無能レベルに達していないD・ドミニーを工場長補佐として連れてきていました。このドミニーの精力的な働きに助けられて、彼の工場は持ちなおし、大きな黒字を見込めるようになったのです。

グラッドマンはその成果によって信望を得ることになり、自らもその成功に誇りを感じるにいたりました。彼はみごとにすりかえをやってのけ、幸福を手に入れたのです。

「どうでもいいことを頑張れば、大事なことは、だれかがやってくれる」というのが、わき道スペシャリストたちのモットーです。

どうでもいいことを頑張れば、
大事なことは、だれかがやってくれる

校内交通システム

U・トレッドウェルは、エクセルシオ市の小学校で有能な副校長として活躍していました。すぐれた知性を持ち、生徒にしつけを徹底すると同時に、教師の士気を高めることにも成功していました。

その彼が、校長に昇進して無能になってしまいました。彼は、PTAや新聞社や地区の教育長や学校評議員といった人々への対応に必要な機転が利かなかったのです。彼は役人からも嫌われ、住民の目には学校の評判もジリ貧だと映りました。

ここで彼は、わき道スペシャリストに巧みに変身します。校内での人の往来に関する問題——玄関や廊下や曲がり角や階段で起こる人の殺到や混雑、衝突——の処理に熱中しだしたのです。

彼は校舎平面図をところ狭しと広げると、人の流れをコントロールする入念な交通システムをつくりあげました。さらに、校舎の壁や床にさまざまな色で線や矢印を書き入れさせると、自分のつくった交通ルールを厳格に守るように指示しました。

その結果、生徒は廊下の白線を横切ることができなくなりました。たとえば、授業中に向かいの教室に伝達事項を伝えにいく生徒は、廊下を突っ切ることができないため、廊下のいちばん端まで行ってから向きを変えて反対側のレーンを戻ってこなければならなくなったのです。

トレッドウェルは校舎内を巡回しては、交通違反をしている者のチェックをして大半の時間を過ごしました。そして、この取り組みの紹介文を書き、教育関係誌への寄稿を繰り返しました。さらに、わき道スペシャリストの教師からなる視察団をひきつれて校内を案内してまわりました。現在彼は、この実践を本にするための執筆に追われています。その本には、多数の校舎平面図や写真が盛り込まれる予定だそうです。

彼は終点到達症候群など微塵も感じさせず、満ち足りた生活を元気いっぱいに送っており、健康そのものです。これもまた、すりかえによってわが身を救った人間の例なのです！

テクニック3――イメージ一人旅

エクセルシオ市の高校で数学を教えるヴェンダーの授業は、数学がいかに面白くて重要な学問かという話で、時間の大半が過ぎていきます。数学の歴史、その現状、そして今後予想される発展について講義をしますが、実際の数学の学習となると、彼女は宿題にして生徒の家庭学習にまかせてしまいます。

彼女の授業は雰囲気も明るく、内容も興味深いものです。ほとんどの生徒が、彼女はいい先生だと言います。生徒たちは数学があまりできませんが、それは数学自体が難しいからだと信じています。

ヴェンダーも、自分はいい教師だと固く信じています。自分より劣っていながら上にいる教師たちが彼女を嫉妬して、昇進を妨げていると思い込んでいます。つまり彼女は、独りよがりの安穏とした気分にいつも浸っていられるわけです。

ヴェンダーも、すりかえを行っている一人です。その手法はべつに珍しいものではありません。意識的に行う人もいれば、無意識のうちに行っている人もいますが、「イメージは、何倍もの実績に相当する」（ピーターの気休め薬《プラシーボ》）というモットーに従って充足感や達成感を味わうのです。

ただし、この気休め薬は、使う人は満足できても、雇用主に同様の満足が保証されるものではないということには注意してください！

ピーターの気休め薬は、あらゆる地位の政治家に引っぱりだこです。彼らは、民主主義（あるいは君主制、共産主義、部族制）の重要性や尊さ、その心躍る歴史は説きますが、本来なすべき任務などまったく遂行していないのです。

芸術酒場

「イメージ一人旅」というテクニックは芸術の世界でもよく用いられます。

エクセルシオ市在住の画家A・フレスコはすぐれた油絵を数枚発表しましたが、その後は芸術的なひらめきが枯渇してしまったようでした。すると彼は、芸術の価値について話す評論家として生きる道を見いだしたのです。

やはり典型的な例と言えるのが、酒場の文豪でしょう。彼はどこにいようと一日じゅう酒場でまったりと過ごし、文筆の重要性を説いたり、ほかの作家のアラ探しをしたり、自分がいつか書き下ろす予定の傑作の数々について語ったりするばかりなのです。

テクニック4――徹頭徹尾われ関せず

これは大胆きわまりない手法ですが、だからこそ成功に終わることも多いテクニックです。「無限準備」も「わき道スペシャル」も「イメージ一人旅」も、なんら有益な仕事はしないものの、関連のあることで何かしら行動に移すか、さもなければ話ぐらいはしていました。しっかり観察していないと、同僚ですら、彼らがすりかえをしていることに気づかないほどです。

ところが、「徹頭徹尾われ関せず」は違います。このテクニックのつわものは、自分の任務を遂行している素振りさえ見せようとしないのです。

まかせたよ

自動車部品メーカー、オフセット・ホイール・アンド・アクセル社の社長F・ヘルプスは、時間のすべてを複数の慈善団体の理事としての仕事に費やしており、募金集めの陣頭指揮をとったり、慈善事業を計画したり、ボランティアを激励したり、専門職の人々を監督したりしています。重要書類に署名するとき以外、会社には顔も出しません。

ヘルプスは彼流の「徹頭徹尾われ関せず」を実践しながら、かつての敵で今はよき友であるT・メリットとの親交を深めています。メリットは、組合の終身副委員長です。彼も、ヘルプスと同じように慈善団体の委員に名前を連ねており、本業では、これまたヘルプスと同じで、仕事らしい仕事を何もしていません。

「徹頭徹尾われ関せず人間」を探すなら、大学の理事会や政府の諮問委員会などが格好の場です。

会社などの階層社会でこのテクニックが見られるのは、たいてい上層部に限られます。しかし、家庭という階層社会に目を向けると、主婦のあいだではごくごくふつうに見られます。妻あるいは母親として無能レベルに達した女性の多くは、夫と子どもたちに、「自分のことは自分でやるように」と丸投げし、「徹頭徹尾われ関せず」の世界にすべての時間とエネルギーを注いで、みごとに楽しいすりかえをやってのけているのです。

テクニック5――管理職渡り

巨大で複雑な階層社会で特に見られる現象として、無能な管理職が一時的に別の部署の長に収まったり、何らかの委員会の臨時議長の肩書きを与えられたりすることがあります。その一時的な任務というのは、彼のふだんの業務とは全然別のものです。

こうした管理職渡りがどんなふうに機能するか見てみましょう。彼は、それまでのポストでの仕事を免除されることになります（もっとも、無能レベルに達しているため仕事などできていないわけですが）。加えて彼には、新しいポストで何ら重要な行動をしなくてもよいという正当な理由があります。

「その決定は私がするわけにはいかんだろう。いつか正式に任命される次期部長にとっておかないと申し開きが立たんよ」

達人級の「管理職渡り人」になると、結局、何年間も次々と臨時管理職ポストを渡り歩き、そのすりかえによって心からの充足感を得ています。

テクニック6——戦線縮小方式

無能レベルに達して自らの職責を全部カバーしきれなくなると、「戦線縮小方式」の達人は、大半の仕事をあっけなく切り捨てて、注意と努力をたった一つのささやかな任務に集中します。もしそれを有能にこなせるようなら、彼はそれを続行します。しかし、それもできない場合には、彼は取り組む任務をさらに切り詰めるのです。

第一人者

F・ネイラーはエクセルシオ市美術館の館長でしたが、作品の購入や展示、予算の獲得にはまったく関心を示さず、建物の管理もさぼって、全勤務時間を、館内の額縁屋にいるか、執筆中の『額縁の歴史』のための調べものをして過ごしていました。最近得た情報によると、彼は、額縁についての知識をすべて自分のものにすることは不可能だと悟り、こんどは、額縁に使用される接着剤についての研究に絞ることにしたそうです。

ある歴史学者は、宗教改革の「最初の三〇分」に関する研究で世界的な第一人者です。

数名の医師グループは、発症例が三、四件しか報告されていない病気の研究によって名声を得ています。また、身体のごく一部のみを研究して専門家となったグループも存在します。

文芸作品の意義や価値を理解できなくなってしまった学者は、『オットー・スクリブラーの文学作品におけるコンマの打ち方に関する比較研究』と題した論文でも書いてみればよいでしょう。

すりかえをお試しあれ！

この章で紹介した例からもわかるように、そして読者のみなさんの頭に浮かんだ例からもわかるように、終点に到達した場合の対処法としては、すりかえのテクニックが、ほかのテクニックよりもぶっちぎりで有効です。

効果的にすりかえを行うことができれば、無能レベルにありながらも、終点到達症候群の進行を防ぎ、残りの職業人生を健康で満足度の高いものにすることが可能なのです。

14 創造的無能のすすめ

知恵と戦略

CREATIVE INCOMPETENCE

「自分にできることでも、いつも一つだけは、やらずに残しておくんだよ」

——バーナード・マネス・バルーク（米国の実業家）

もしかすると、ここまで読んで、あなたにはピーターの法則が絶望の哲学のように思えてしまったでしょうか？

終点到達というのは、肉体的にも心理学的にも惨めな徴候を伴うし、職業人生の終わりを通告されるようなものだと尻ごみをしてしまったでしょうか？

みなさんの心配はごもっともです。

そこでこの章では、この哲学的難題をばっさり切って落とす強力なナイフを差し上げることにしましょう。あなたは、ゴルディオスの結び目を両断したアレクサンダー大王になれるのです。

昇進を断る人々

あなたはこう言うかもしれません。

「昇進を断って、自分が有能にこなせる仕事を楽しくやっていればいいんでしょう」

打診された昇進をきっぱり断ることは、「ピーターの受け流し」という名で知られています。簡単なようですが、私はこの成功例をたった一つしか見つけられないでいます。

例外的な成功例

ビーミッシュ建設会社で雇われていた大工のT・ソーヤーは、仕事熱心で腕がたつうえ、良心的でもあったので、親方にならないかという声を何度かかけられました。

ソーヤーは上司を尊敬していたので、彼の喜ぶ顔を見たいとも思いました。しかしソーヤーは、一介の大工として幸せを感じていたのです。不安もなかったし、毎日午後四時三〇分になれば仕事のことを忘れられました。しかし親方になれば、夜も翌日のことを心配し、週末になっても翌週のことで頭を悩ますことになるのがわかっていました。それで彼は、昇進を一貫して断り続けてきたのです。

ソーヤーは独身で、そのうえ近親者がおらず、友人もほとんどいなかったという点に注目する必要があります。彼には、自分のやりたいようにやれる環境があったのです。

しかし、大半の人にとって「ピーターの受け流し」は簡単にできるものではありません。典型的な市民であり家庭人でもある一人の男のケースを見てみましょう。

昇進を断った男の末路

B・ローマンの妻は、夫が昇進を断ったと知って噛みつきました。

「少しは子どもの将来を考えたらどうなの！　このことが近所の人の耳に入ったら、何て言われるか……。私のことを愛してるんだったら、どんどん出世してくれなくっちゃ！」

実際に、近所の人が何と言うか知りたくなった彼女は、その無念さを少数の信頼できる友人だけに話しました。ところが、その話は近隣に漏れ広まってしまいました。

父親がバカにされるのを聞いていられなかったローマンの息子は、学校で同級生の前歯を二本折ってしまいました。裁判費用と歯の治療代で、ローマンは一一〇〇ドルを支払わなければなりませんでした。

妻の母親が彼女の感情を煽ったので、妻はローマンとの暮らしに見切りをつけ、裁判に訴えて別居を勝ちとりました。そしてローマンは、孤独と恥辱と絶望に苛まれ、ついには自殺の道を選んでしまったのです。

ローマンのケースからも明らかなように、昇進を断っても、幸福で健康になれるとは限らないのです。この研究を始めたころから私は、大多数の人々にとって「ピーターの受け流し」は得策でないことに気づいていました。

断るより賢いやり方？

アイデアル・トリベット社を対象にして、その階層構造と社員の昇進率を、生産系と事務系に分けて研究していたときのことです。会社を何度も訪問するうちに私は、本社ビルを取り囲む庭園がじつにみごとで、よく手入れされていることに気がつきました。ビロードのように滑らかな芝生といい、宝石をちりばめたような花壇といい、園芸職人の腕の確かさがうかがえました。

なぜか伝票が行方不明

その園芸職人の名はP・グリーンといいました。実際に会ってみると、根っからの植物好きで、園芸道具を大切にする、じつに陽気で快活な人物でした。彼は自分がいちばん好きなこと、つまり園芸を職業にしているのでした。

グリーンは庭師として、すべての仕事に有能でした。しかし、一つだけ例外がありました。必要な品物の調達はきちんとこなすのに、受け取った品物の納品書と領収書を毎回のようになくしたり、どこかに置き忘れたりするのです。

伝票を紛失されて経理部は困ってしまい、グリーンは一度ならず経理部長の大目玉をくらいました。しかし、彼の弁明はまったくピンボケばかりでした。

「ひょっとすると、書類を苗木といっしょに埋めてしまったのかもしれません」

「鉢植え置き場のネズミがかじって食べたんでしょうかね」

この事務処理能力のなさがネックになって、美化保全主任の後任が必要となったときも、グリーンはその候補にさえなりませんでした。

私は何度かグリーンにインタビューしました。彼は礼儀正しく協力的でしたが、書類をなくしてしまったのは事故だったと言い張りました。しかし、彼の妻に尋ねてみたところ、驚いたことに、グリーンは自宅の庭いじりにかかった費用を一から一〇まで全部記録しているらしく、庭や温室から採れた作物についても、その費用をすぐにはじき出せるということでした。

なぜか仕事部屋がぐちゃぐちゃ

鋳物加工を専門にするクラックネル社の工場の監督を務めるA・メサーをインタビューしたことがあります。

メサーの小さな仕事部屋の汚さといったら、それはひどいものでした。それでも、私が行った時間動作研究によると、山積みになった古い報告書や本、ボロボロの書類を詰め込んだ段ボール箱の山、何が綴じてあるかわからないファイルでびっしり埋まった棚、壁に幾重にも貼られたままの昔の計画表などは、どれもメサーの効率的な仕事ぶりとは無関係だとわかったのです。

しかし、意図的に仕事部屋をぐちゃぐちゃにすることで、彼が自らの有能さを覆い隠し、総監督への昇進を回避しようとしているのかどうかは、私には判断がつきませんでした。

なぜか給与小切手が換金されない

J・スペルマンは有能な教師でした。評判もすこぶるよいのに、どうして彼には一度も教頭への昇進の話がないのだろうという疑問から、私は調査を開始しました。

事務室の管理職がこんな話をしてくれました。

「どういうわけかスペルマンは給与小切手を換金しないんだよ。早く換金してくれって三カ月ごとに言うんだけど。そうしてもらわないと、こっちだって経理の現状がつかめないのさ。でも、なんでまた給料を換金しないいんだろうね……」

質問を続けてみると、こんな話も聞かれました。

「いやいや、彼を疑っているわけじゃないんだ。だけどね、何かサイドビジネスでもやってるのかなって勘ぐりたくもなるよ」

そこで私はこう尋ねてみました。

「彼の服務規程違反を疑ってるわけですね？」

「それは違う！　そんな証拠は何ひとつないわけだし、彼は立派な教師だよ。いいヤツだしね。ほめる話しか聞こえてこないさ！」

こう否定されたところで、私はこんな推察をしないわけにはいきませんでした。つまり、階層社会というものは、家計の管理がしっかりできていて、給与小切手の換金のためにあわてて銀行に駆け込む必要もなく、未払い代金を大急ぎで振り込む必要もない人物を信用できないのだと。

要するにスペルマンは、ふつうの労働者のようにふるまうのを止め、無能さをアピールしたのです。こうして彼は、昇進の対象にならないポジションに自分を置いたことになります。

スペルマンが子どもたちに教えることを喜びにしており、管理職への昇進願望がないことは、たんなる偶然なのでしょうか？

昇進しない人々に共通するパターン

周到に考え抜かれた無能さの偽装かもしれない同様の事例を、私は多数調査してみました。しかし、そうした行動が意図的・計画的なものなのか、それとも無意識の動機からなのか、確かなことはわかりませんでした。

しかし、一つだけはっきりしていることがあります。

彼らは、昇進を拒否するのではなく――これがいかに悲惨な結末を招きかねないかはすでに見ました――初めから昇進の話を持ちかけられないように工夫することによって、上のポストに昇るのを避けてきたということです！

これこそが、最終的な昇進を避けるための確実な方法です。仕事においても、私生活においても、健康と幸福を手に入れるための秘訣なのです。これが「創造的無能」と呼ばれるものです。

創造的無能――無敵の処世術

グリーンにしても、メサーにしても、スペルマンにしても、さらには同様の状況にあるその他の人々の場合も、最終的な昇進の回避が意識的だったかどうかはどうでもよいのです。大切なのは、彼らの実践から、命に関わるほど重要な技術をどう学び取るか、ということです（「命に関わるほど重要」

というのは誇張ではありません。正しく用いれば、この技術はあなたの命を救う可能性だってあるのです)。

この方法のポイントを要約すれば、自分がすでに無能レベルに達しているという印象をまわりの人々に植えつけることです。

終点到達者に現れる症状(病気以外の症状)を一つか二つ、外に向けて示すことで、これを実行できます。

庭師のグリーンには、軽度の「書類恐怖症」が見られました。鋳物工場で監督職にあるメサーは、ちょっと見だけで判断すると、「書類溺愛症」が進行した状態だと考えてもおかしくないでしょう。教師のスペルマンの場合は、給与小切手をなかなか換金しないという点で、変種とはいえ、深刻な「シーソー症候群」でした。

職務の遂行に重大な支障をきたさない程度の無能を選べば、創造的無能は、あなたにだって最高の結果をもたらしてくれるでしょう。

変人ぶりを発揮する

事務職員なら、退社する際に机の引き出しを開けっぱなしにしておくといった奇癖があれば、一部の階層社会では効果てきめんです。

ちょっとしたおせっかいな節約運動も、やはり効果的です。倹約の大切さを説きながら照明を消してまわり、水道の栓を閉め、クリップや輪ゴムが床に落ちていたり、ゴミ箱に捨てられたりしていないかを探しまわればよいのです。

一匹狼たれ

会社や部署の親睦会に入らないとか、お茶の時間でもコーヒーを飲まないとか、全員が外食するのに自分だけ弁当を持参するとか、わざわざ暖房を消して窓を開けるとか、結婚祝いや退職祝いにお金を出さないといった数々の無愛想な変人ぶり（樽のなかで暮らしたという哲人にちなんで「ディオゲネス・コンプレックス」と命名されています）を発揮すれば、確実に白い目で見られ、不信感を持たれるでしょうから、昇進には縁がなくなることでしょう。

クルマの使い方で一工夫する

きわめて管理能力にすぐれた部長がいましたが、彼はときおり自分のクルマを社長専用のスペースに駐車することによって昇進を回避しました。

ある取締役は、ほかの取締役のクルマより年式が一年古く、新車価格で五〇〇ドル安いクルマを購入して乗っていました。

外見を演出する

ほとんどの人は、「美しい衣装を身にまとったからといって、人は中身まで美しくなるわけではな

「あいつ、仕事はできるんだけど…」

い」という金言に理屈では賛同しますが、実際には、見た目で人を判断しているものです。ここにも創造的無能の活躍の場があります。

ふつうなら職場には着てこないような型破りな服や擦り切れた服を着るとか、いかにも風呂に入っていないという風采で出社するとか、髪を伸ばし放題にするとか、ヒゲを剃り残すといったテクニックが有効です（ヒゲ剃りの場合、絆創膏をカミソリ負けの痕からずらして貼れば完璧です）。

女性の場合は、ぬり壁のような厚化粧をするか、スッピンで出勤するという手があります。これに、まったく似合わないヘアスタイルを加えれば、効力は増すでしょう。きつすぎる香水やジャラジャラと派手なアクセサリーをつけることによる成功例も多く聞かれます。

その他の奇策

ご参考までに、私がこれまでに観察できた、みごとな創造的無能の例[*1]を紹介しましょう。

ミスターFは、会社の創業者の生誕記念パーティーの席上、上司の令嬢にプロポーズしました。彼女はヨーロッパで花嫁修業の学校を出たばかりで、Fは彼女とその日が初対面でした。当然、彼は令嬢と結婚できるはずもなく、同時に昇進の対象者リストからもはずされました。

ミスターFと同じ会社に勤務するミスLは、同じパーティーの席上、上司の奥方の耳につく笑い方を、本人に聞こえるところでマネしてみせました。

ミスターPは友人に頼んで、仕事場にいる自分宛てに脅迫電話をかけてもらいました。いやでも同僚たちの注意を引くところで、彼は「どうか許してください」「もう少しお時間を」と大げさに嘆願し、「お願いですから、妻に話すのだけは勘弁してください。自殺してしまいます」と泣きつくのでした。これは、ミスターＰ一流のたわいもない冗談だったのでしょうか？　それとも、入念に準備された創造的無能の一部だったのでしょうか？

創造的無能は昇進拒否に勝る！

最近、私は、大工のソーヤーのケースを再度調べてみました。この章の冒頭で「ピーターの受け流し」を有効に活用した例として紹介したあのソーヤーです。

この数カ月、彼はペーパーバックの『森の生活』[*2]を何冊も買い込んでは、責任のない立場でいられる幸せや日雇い労働の喜びについての感慨をちょっと書きそえて、同僚や上司に配っていました。そうして本を贈ったあと、ちゃんと読んだか、どれくらい理解できたかをしつこく尋ねています（こ

＊1　私としては「みごとな例」だと思っていますが、創造的無能を完璧に見抜くことは熟練の階層社会学者にも至難のわざなので、もしかすると、たんに無能なだけだったというケースがあるのかもしれません。

＊2　ヘンリー・D・ソロー（一八一七―六二）の一八五四年の作品。湖畔の森のなかに小屋を建て、二年二カ月にわたって営んだ自給自足の生活が描かれている。

の押しつけがましさを「教えたがりコンプレックス」と言います）。

ソーヤーによると、昇進の話はもう彼には来ないそうです。「ピーターの受け流し」の唯一実在する成功者なのにと思うと、多少残念な気持ちになってしまいます（自分自身を不幸にすることなく、昇進の申し出を鮮やかに断り続けたという点で、彼は成功例だったわけです）。

しかし、ソーヤーのケースは次の事実をみごとに証明してくれるのですから、この失望も喜びに変わるというものです。

その事実とは、創造的無能は昇進拒否に勝る、ということです。

第12章をじっくり読めば、みなさんも自分なりのお好みの創造的無能をつくりあげることができるでしょう。しかし、ここで絶対に忘れてはいけない最も重要なポイントを強調しておきましょう。

あなたが昇進を回避したいと思っている事実を、絶対にまわりに悟られてはいけません！

カムフラージュする方法として、ときおり職場でこんなことをつぶやいてみるのもいいでしょう。

「おかしいなあ。出世する人間と、取り残される人間って、いったい何が違うんだろう？」

さあ、すばらしい創造的無能の世界へ！

まだあなたが終点に到達していないのなら、まず今の仕事とは無関係なところで無能を探してみてください。それを見つけたら、こつこつと実践してみましょう。そうすれば、あなたは有能レベルに留まって、有益な仕事を成し遂げられるはずです。それこそ、あなたにしかわからない満足感というものでしょう。

間違いなく、創造的無能を手に入れることは、昇進願望を満たすのと同じくらい大きなチャレンジなのです！

15 ピーターの法則が世界を救う

進化論的応用

THE DARWINIAN EXTENSION

「世俗的欲求を断ち切れる者は、神の国の祝福を受けるだろう」

——イエス・キリスト

これまで私たちは、「個人」が組織のなかで見せる有能さや無能さについて考えてきました。複雑怪奇な階層社会のなかで生きていくための苦労や苦心の数々に、思わず涙をさそわれた方も多かったのではないでしょうか。

この最終章で私たちは視点を変えて、ピーターの法則を、種としての「人類」の有能さや無能さという、進化論的次元で考えてみることにします。

人類ははたして、この進化の階層において現在の地位をキープできるのでしょうか？　はたまた、進化論的階層をさらに昇ろうとするのでしょうか？

ピーター主義者の歴史認識

人間は、進化の階層のなかで何度も昇進を遂げてきました。樹上生活者から洞窟生活者へ、焚き火使用者へ、火打ち石使用者へ、石器研磨者へ、青銅器精錬者へ、鉄器鋳造者へと、一つ一つ昇進するごとに、人間という種は生存競争に勝ち抜く可能性を高めてきたのです。

人間のなかでも特にうぬぼれの強い者たちは、無限に昇進を繰り返して際限なく上昇していこうと考えているようです。そこで私はこう指摘したいのです。人類も、遅かれ早かれ、必ずや無能レベルに達してしまうと。

そうならずにすむとすれば、理由は二つしかありません。時間が十分になくて無能レベルまで到達できないか、階層に十分なランクがないので無能にならずにすむか、の二つです。

しかし確認しうる範囲では、私たちの前には時間がたっぷりありそうですし（そのことを人類の利益のために使えるかどうかは別として）、階層のランクにしても、現在あるものと潜在的なものを合わせれば不足はなさそうです（さまざまな宗教が、人間という階層の上に、天使や半神半人や神の階層が存在すると説いているではありませんか）。

人間以外にも、何度も昇進を重ねた種は存在しましたが、いずれも最終的に無能レベルに達してしまいました。恐竜、剣歯虎、翼竜、マンモスといった種は、それぞれが持っていた特質――巨体、剣歯、翼、牙――のおかげで繁栄し、隆盛を誇ったものです。しかし、初めのうちは彼らに昇進を約束したそれらの特質が、最後には彼らを無能へと導いたのです。有能さには無能の芽が潜んでいるとでも言えばよいのでしょうか。

グッドウィン将軍の粗野なまでの気さくさ、ディトー先生の創意のなさ、ドライバー氏の強引な性格もまた然《しか》りです。こうした特質があったからこそ彼らは昇進できたわけですが、その同じ特質が、最後には次の昇進をストップさせたわけです！　おびただしい数の種が、長い年月をへて着実な進化を遂げたのちに無能レベルにたどりつき、さらにスーパー無能（第3章参照）に陥り、絶滅していったのです。

これと同じことが、人間の多くの社会や文明にも起こりました。強国の植民地支配の下で繁栄した民族のなかには、独立国という階層に昇進した結果、無能をさらしてしまった例もあります。また、都市国家や共和国や君主国として立派に統治されていた国が、帝国主義への道を突き進んで崩壊した例もあります。逆境や苦難のなかで繁栄を遂げた文明が、成功と豊かさの重圧にもちこたえられなくなって無能化したケースも少なくありません。

人類に未来はあるか？

はたして、人類全体としてはどうなのでしょうか？　私たち人類が次々に昇進できたのは「利口さ」という特質によります。この利口さが、このあとの昇進の妨げとなってしまうのでしょうか？昇進がストップするどころか、人類をスーパー無能状態におとしいれ、生命進化の階層から人類を退場させることになるのでしょうか？

このことを考えようとする私たちの前に、二つの不吉な前兆が現れています。

不吉な前兆1——階層の地盤沈下

学校こそ、人類の新たなメンバーに人格形成と教育の場を提供する最初の機関です。本書ではすでに、さまざまな教員の姿を通して典型的な学校制度を見てきました。こんどは、児童や生徒に与える影響という観点から学校という制度を見ていくことにしましょう。

昔の学校制度は、ピーターの法則がそっくりそのまま当てはまる舞台でした。生徒は無能レベルにたどりつくまで、一学年ずつ進級という名の昇進をしていきました。そして、小学二年生、中学二年生、高校二年生といった段階でつまずけば、その生徒は落第して、同じ学年を繰り返さなくてはなりませんでした。

いうなれば、その生徒なりの無能レベルに留まらざるをえなかったのです。子どもはまだ知的成長の途上にあるので、留年中に知的有能さを獲得し、その後再び昇進の対象者に返り咲く例も少なくありません。そうならないときは、その生徒は再び落第し、同じ学年を繰り返すわけです。

ちなみに、いま用いた「落第」という表現は、職業的階層社会の研究のなかで用いた「成功」という表現に等しいことに注意してください。落第した生徒も成功した会社員も、どちらも無能レベルに達しているからです。

しかし、学校を管理するお偉方は、この制度が気に入りませんでした。出来の悪い生徒がたまってしまったら、学校の水準が低下してしまうと考えたからです。ある学校の管理職にある人物はこう言います。

「できれば、出来の悪い生徒はどんどん進級させて、優秀な生徒だけを留年させたいね。そうすれば授業の水準も上がって、学校のランクも上がるんだ。成績のよくない生徒ばかりになると、テストの平均点が下がるから、学校全体が足を引っぱられるんだよ……」

通常、このような極端なやり方は認められっこありません。そこで、無能な生徒が山積みにならないよう、校長たちは生徒全員を、有能な生徒も無能な生徒もまとめて進級させてしまうことにしたのです。これには、生徒に落第という精神的苦痛を与えるのは酷だという心理学的なあと押しもあります。

しかし、この制度で現実に行われていることは、無能な生徒に強制上座送りを適用しているだけなのです。

この見さかいのない強制上座送りの結果、高校を卒業した生徒の学力が、数年前の高校二年生程度まで低下することになりました。やがては、高卒者の学力は昔の高一なみ、中三なみ、さらにはそれ以下にまで落ち込んでいくことでしょう。

私はこの現象を「階層の地盤沈下」と呼んでいます。

卒業証書や学位なども、有能さを推しはかる物差しとしての価値を失いつつあります。昔であれば、高校二年生を落第した生徒は、少なくとも高校一年生レベルでは有能でした。大学一年でつまずいても、高卒レベルの有能さを持っていることは裏づけられていたわけです。

しかし、今日ではそういう推測はできません。卒業証書が証明するのは、その生徒が卒業までの年数を我慢して学校に通ったという事実だけです。

高校卒業という資格は、かつては広く有能さを示すものとされていましたが、今では、責任がともなう高収入の仕事には不適格だということを証明するだけです。*

同じ現象が、大学以上のレベルにも現れています。学士号や修士号はもう昔のようには重宝されなくなりました。唯一、博士号だけがいまだに有効性をかろうじて維持していますが、それでもそのまた上の学位の登場で価値が急速に薄れつつある現状です。その博士号の上の学位にしても、多くの仕事にとって無能の象徴となってしまうまで、どれくらいの歳月を要するでしょうか？　私たちは博士号の上のそのまた上の、さらにはそのもう一つ上の称号をつくりあげようと躍起になるのでしょうか？

教育界の努力がエスカレートすればするほど、地盤沈下のスピードは速まる一方です。たとえば、現在多くの大学が教生制度（上級学年の学生が下の学生を教えるシステム）を採用していますが、これは五〇年前に小学校で禁止された方法です！

教育界に限らず、すべての分野で、努力がエスカレートするせいで同様の結果を招いています。もっと多くのエンジニアが欲しい、もっと多くの科学者が、僧侶が、教師が、クルマが、リンゴが、宇宙飛行士が、その他もろもろの人やモノが早急に欲しいとなると、当然求められる水準は低くならざるをえません。そうして階層の地盤沈下が始まるわけです。

みなさんは、消費者、雇用者、職人、教師といった立場から、この階層の地盤沈下がもたらした結果を目の当たりにしているはずです。のちほど、この状況の蔓延を食い止める方法を提示したいと思います。

＊ 階層の地盤沈下は、現代のみに見られる現象ではないことに注意してください。大昔には、文字が読めるというだけで、非常に重要な仕事に適任だとみなされた時代があったのです。それがしだいに、文字が読めても愚かな者がどんどん増えていることがわかってきて、基準が引き上げられることになったのです。新しい基準は有能さを証明するものとしてスタートしますが、しだいにその効果は薄められ、最終的には無能の証明とみなされるようになります。

不吉な前兆2――コンピュータ化された無能

酔っぱらった人間は、クルマをまっすぐに走らせることができなくなります。その人間が歩いているだけなら、自分に危害が及ぶだけですみますが、運転席に座ってハンドルを握っているとなると、自分の首の骨を折る前に、何人もの罪なき人々を殺傷しかねません。

もう読者のみなさんは、私の言いたいことがおわかりでしょう。操ることのできる手段が強力なものになればなるほど、それによって生じる効果も弊害も、その人の有能さや無能さ次第で強大なものに増幅されるということです。

印刷機やラジオやテレビは、それぞれ登場するごとに人間の無能ぶりを広く蔓延させ、不滅のものとするのに一役買ってきました。そして今、私たちの前にコンピュータが出現しました。

究極の合理化

フォッグ・インターロッキング・ブロックス社の創設者であり最高経営責任者でもあるR・フォッグは、経営者として無能レベルに達してしまった元発明家兼エンジニアでした。

フォッグは社員の仕事ぶりがなっていないと愚痴ってばかりいました。実際には、他社の社員と似たようなものだったのですが、フォッグにはそれがわかっていませんでした。

社員のなかにはまだ無能レベルに達していない者もいて、そういう人々が仕事を行って事業を進めていました。つまり彼らは、フォッグの支離滅裂な命令を聞くたびに、会社にプラスになるものと無視すべきものを区別して、適切な行動をとっていたのです。

ところが、あるセールスマンがフォッグに、コンピュータを導入すれば仕事の効率が上がり、人間がやる仕事の大半を肩代わりしてくれると信じ込ませました。そして、コンピュータがオフィスに設置されると、「余剰」人員は解雇されてしまいました。

しかし、フォッグはすぐに、業務が以前より円滑に進んでいるわけではないことに気づきました。フォッグはコンピュータに関して二つの点を理解できていなかったのです（少なくとも、その二つが自分の会社の仕事にはね返ってくるとは想像していませんでした）。

① コンピュータは不正確な指示を出されると、何も作業をせず、ただランプを点滅させて、次の明瞭な指示を待つだけです。

② コンピュータは気が利きません。こびへつらうこともしません。自分で判断もしません。間違った指示を受けても、「はい、すぐに仰せのとおりにします」などと返事しておいて、その場を立ち去ってから正しい処理をしてくれるといったこともありません。誤った指示でも、その指示が明瞭なら、とにかく実行に移すだけです。

フォッグの事業は一気に坂道を転げ落ち、一年もしないうちに会社は倒産してしまいました。彼は「コンピュータ化された無能」の被害者になったのです。

ありえない出来事

ケベック州の教育庁は、生徒の奨学金として誤って二七万五八六四ドルを払い出してしまいました。これはコンピュータの自動処理でコピー操作が何重にも繰り返されたことによるミスでした。

ニューヨークの銀行でコンピュータが一台故障し、二四時間で総額三〇億ドルに及ぶ送金や払い出しに支障が生じました。

ある航空会社のコンピュータが、追加注文伝票で数量を一〇とすべきところを六〇〇〇としてしまった結果、五九九〇箱ものミントチョコが余計に送られてきました。

一九六六年に実施された調査によると、当時までにイギリスで設置されていたコンピュータの七〇パーセント以上がビジネスに有効に活用されていませんでした。

あるコンピュータは静電気に過敏に反応してしまうため、ナイロンの下着を身につけた女性が近づくたびに誤作動してしまいます。

ピーターの法則コンピュータ版

①　コンピュータ自体が無能なのかもしれません。コンピュータは、期待される仕事を着実かつ正確に遂行できないのかもしれないということです。この種の無能は、コンピュータを製造している企業にもピーターの法則が当てはまるので、決してなくなることはありません。

② コンピュータは有能だとしても、それを使う人が無能なら、その無能さをとてつもなく拡大してしまいます。

③ コンピュータも人間同様、ピーターの法則の支配下に置かれています。ある仕事を立派にこなしてくれるとわかると、次はもっと責任ある仕事を任されるところまで昇進させられ、いつかコンピュータも無能レベルにたどりつくことになります。

不吉な前兆から何を学ぶか？

これら二つの前兆——急速に進む「階層の地盤沈下」と「コンピュータ化された無能」——は、進化論的な意味で人類を無能レベルに押し上げてしまう大きな潮流の一部にすぎません。

第3章で読者のみなさんは、インプットにばかり熱中してしまうと、階層社会が存在する目的そのもの（アウトプット）を破壊しかねないということを見てきました。この章では、深く考えもせずに教育界で努力をエスカレートさせたり、正確性を欠く方法でオートメーション化を進めたりすることは、まさしく愚かなインプットそのものだということを学んだと思います。しかし、政治や科学、教育、産業、そして軍隊の世界のリーダーたちは、インプットを増やせばアウトプットも増えるという信念を掲げ、より速く、より遠く、より多くと主張してきたのです。

階層社会学を学んだみなさんは、インプットを増やそうとムキになればなるほど、それだけ「ピーターの本末転倒」が大規模に展開されるだけだということに気づいたはずです。

「進歩」のなれの果て

愚かな努力の結果をごらんなさい。ひょっとすると私たちは、自分たちの利口さと一途な上昇志向によって悲しい運命をたどろうとしているのかもしれません。私たちの大地には、三〇年か四〇年前には水晶の輝きをたたえた湖が点在し、冷たく澄みきった小川がたくさん流れていたものです。土壌は身体にやさしい食物を生み出していました。人々はちょっと足を伸ばすだけで、閑静で美しい牧歌的な光景に出会うことができました。

いまや湖も小川も汚水溜めです。空気は煙や煤《すす》やスモッグによって汚れてしまいました。土壌も水も農薬で汚染され、鳥やミツバチや魚や家畜が死に絶えていきます。郊外はガラクタやポンコツになったクルマの不法投棄場所になっています。

これが「進歩」のなれの果てです！　あまりの進歩に、人類は生き残れると断言することすらできなくなってしまいました。未来に約束されていた希望はくじかれ、私たちは核兵器という大量虐殺装置の仕掛けられた恐怖の館で、滅亡の危機と隣り合わせで暮らすはめになってしまったのです。もし私たちがこの「進歩」をさらに推進しようと躍起になって計画を練り、発明し、建設し、建設しなおし続けるなら、人類は種としての完璧な無能レベルに到達することになるでしょう。

階層社会学が人類を救う！

あなたは、いつか自分は死ぬ運命だと知ったなら、できればその運命から逃れたいと思いませんか？　階層社会学なら、その方法を教えてさしあげられます。

人類の置かれた状況を改善し、種として生き残るために、さまざまな提言がなされています。しかし、そのなかで唯一、ピーターの法則だけが、人間がつくった組織の実態に即して現実的な知識を提供できるのです。階層社会学は人間の本性を明らかにしてくれます。つまり、人間は絶えず階層をつくり続け、それを維持する手段を求め続け、それなのに逆に階層を破壊しようとする指向性があるというのです。ピーターの法則と階層社会学は、すべての社会科学を統合する要素を持っています。

無能につけるピーターの特効薬

全人類は無能レベルに到達し、進化の階層社会からクビを宣告されて絶滅するしかないのでしょうか？　この質問に答えようとする前に、ぜひ次の問いを自分に投げかけてみてください。

「人間という種の階層社会における目的（アウトプット）とは何だろう？」

「待ち受ける運命」と題する講義のなかで、私は学生にこう話します。「自分がどこに向かっているのかわかっていなければ、的はずれな場所にたどりついて終わりになってしまうからね」

もし人間の階層社会における目的が、人間という種の完全なる厄介払いであれば、以下に紹介する「ピーターの特効薬」は確かに必要ありません。しかし、もし私たちが生存し続けようと思うのなら、そして今の状況を改善しようというのなら、ピーターの特効薬は、予防から治療まで、その具体的方法を教えてくれます。

これから私は、みなさんに次の四つの特効薬を提示します。

① ピーターの予防薬――無能レベルへの昇進を回避する方法
② ピーターの痛み止め――無能レベルに達した人が、生き長らえて健康と幸福を維持する方法
③ ピーターの気休め薬――終点到達症候群の症状を抑える方法
④ ピーターの処方薬――世界に蔓延する病を治療する方法

ピーターの予防薬――昇進を回避する方法

階層社会学的な意味での予防薬というのは、終点到達症候群が現れたり、階層の地盤沈下が始まったりする前に、その予防策としてとられる措置のことです。

マイナス思考

ものごとを否定的に考えるマイナス思考は、あなたの健康増進にめざましい威力を発揮します。これには太鼓判が押せます。

もしマル・ド・マール（一四四ページ参照）がジェネラル・マネジャーに就任した場合のマイナス面に考えが及んでいたら、彼はその昇進を受け入れたでしょうか？

かりにド・マールが、「上司は私をどう評価するだろう？　部下は私に何を期待するだろう？　妻は私に何を望むだろう？」と自問していたらどうだったでしょう？

もしド・マールがマイナス面をしっかり考慮していたら、自分の健康を損なうことになるような決断を踏みとどまったのではないでしょうか？

彼は知的能力の点では有能だったのですから、前にも述べたように、相いれない目的の板ばさみになって苦しむこと、友人との関係が変化すること、ゴルフ会員権を持っていて当然だと期待されること、燕尾《えんび》服を購入する必要性、妻に新しいドレスをねだられること、地域社会からは募金活動の代表者を頼まれることなど、昇進に付随するさまざまなプレッシャーを含むマイナス要素をあわせて検討すればよかったのです。

そうしてさえいれば、すでに自分の人生は立派に充足していること、そして現在の地位や人間関係、趣味や健康こそが守り抜く価値のあるものだということを十分に悟れたはずでした。

あなただって、このマイナス思考の力を利用することができるのです。それには、自分にこう尋ねてみてください。

「自分は今の上司の上司に仕えて仕事をする気があるか？」

あなたが後釜に座る直属の上司を見るのではなく、その上にいる上司を見て、彼のために働く自分の姿を想像してください。この問いに答えることには予防的効果があります。

市民として、国民として、そして地球で暮らす者として、無能レベルへの昇進を回避しようというのなら、マイナス思考は大きな威力を秘めています。

たとえば、巨費を投じて行われる海底探査計画のメリットとはいったい何なのか、マイナス思考を使って考えてみましょう。まず、海底で暮らす不便さや危険性を生々しく想像します。それは、午後のひとときをプールサイドでのんびりしたり、夜の浜辺でパーティーを楽しんだりする快適で安全な過ごし方と比べて、魅力的に映りますか？

また、世界じゅうで農薬を使う必要があるかどうかを、その鼻につく悪臭と危険性の点からよく考えてみることです。あなた自身が自分の庭に出て殺虫剤を噴霧するほうが楽しく、健康的だと思いませんか？

マイナス思考は、私たち人類が無能になってしまうことを防ぐ有効な方法であり、世界を破滅から救い出してくれる手段でもあるのです。

創造的無能

人類の無能化という大問題に対処するのに、創造的無能（第14章参照）も有効です。

進化論的階層において昇進したがっているように見せかけながら、本筋とは無関係なところで無能ぶりを慎重に演出して、その昇進を遠ざけるのです（ここで言う「本筋とは無関係なところ」とは、食料を得る、暖をとる、健康的な環境を維持する、子どもを育てるといった、生存に必要不可欠な要素とは結びつかない分野という意味です）。

例を一つあげてみましょう。人類は輸送や移動の面で有能さを発揮して、さまざまな問題を解決してきました。わずかな時間で人間は地球上のいたるところに移動できるようになりました。自分の町の通りを歩くことと比べても、さほど困難でも危険でもありません（都市居住者なら、むしろ危険性は少ないくらいです）。

そんな旅行という階層で見てみると、人間は地球旅行者から宇宙旅行者へと昇進することを期待されているかのようです。しかし、これは昇進のための昇進でしかありません。月や火星や金星を、わざわざ人間が探索する必要などないのです。すでにレーダーや画像送信機を送り込んだ私たちは、そうした天体の様子を鮮明に見ることができます。それらから判断するかぎり、どの星もあまり住み心地がいいところには思えません。

人間は宇宙旅行者などに昇進しなくても幸せでいられるのです。しかし、これまで見てきたように、昇進を断るのはやさしいことではありません。そこで、安全で効果的な方法は、昇進するには何かが不足していると見せかけることです。これが創造的無能なのです。

人類はいまやこの宇宙旅行の領域で創造的無能を示すチャンスを授かりました。* 危険性と背中合わせの利口さを封印して、健康的な無能を少しばかり発揮する好機を得たのです。

治療が病気を悪化させる

もう一つの例を見てみましょう。人間は、魔術から始まり、呪術、信仰療法を経て、現代の正統医学・外科医学へと治療法の階層を昇ってきました。そしていまや、人体の一部や人工の臓器を合成することで、人間自身を加工製造できる一歩手前までたどりついてしまいました。これが意味するところ、人間は治療者から創造主へと昇りつめる寸前だということです。

しかし、人口爆発や飢餓の拡大といった現状に直面していながら、人間がこの昇進を受け入れなくてはならない必要性がどこにあるのでしょうか？

いまこそ、創造的無能を発揮し、人間製造の技術でヘマを犯してでも、この無益で危険きわまりない昇進を阻止するときではないでしょうか？

予防薬服用のすすめ

少し思いをめぐらせば、あなたはこの創造的無能——俗物根性との訣別——をほかの分野でも活用できるはずです。

究極的な生命の無能レベルに昇進してしまう可能性――たとえば大気汚染や核戦争、世界規模の飢餓、火星からの細菌の侵入などを通してこれは達成されうるわけですが――に直面して、ピーターの予防薬を正しく服用しなさいと言うのは、きわめて妥当なアドバイスです。

もし私たちがマイナス思考と創造的無能を実践し、終点にいたる最後の一歩を踏みださないでいられるなら、人類が生き残る可能性は大いに高くなるはずです。ピーターの予防薬は、あるまじき昇進を未然に防ぐものなのです。

――ピーターの痛み止め――無能レベルでも健康と幸福を

確かに人類は、全体として見れば、まだ完璧な無能レベルに達していませんが、ここまで見てきたように、個人レベルでは多くの人間が無能レベルに達し、相当なスピードでこの世をあとにしています。

＊ 宇宙開発に関するヘマや遅れや大惨事の数々を見ていると、それにたずさわっている人々は、ひょっとすると、本気で創造的無能を実践しているのではないかと思える節があります。ここで私は「ひょっとすると」と付け加えましたが、まじめに試みられる創造的無能というのは、観察者の目には、それが意図的な無能なのか正真正銘の無能なのか、なかなか見分けられないものなのです。

私はすでに、無能レベル到達者がいくらかでも幸せで心安らぐ状態で余生を過ごせるようにする緩和の方法について述べました。ここでは、もう少し適用範囲を広げて、この痛み止めの服用方法を見ていくことにしましょう。

教育の地盤沈下を止める

すでに見たことですが、教育の世界での階層の地盤沈下は、昔なら落第することを許された生徒たちが大量に祭り上げられることによって発生しています。

そこで私は、こうした生徒に、強制上座送りではなく、水平異動を用いることを提案したいと思います。

現状では、中学二年生で落第するはずの生徒が中学三年生に祭り上げられているわけですが、私の提言は、その生徒を一年間、水平異動によって横にずらし、たとえば「学術特待生コース」に参加させるのです。するとその生徒は、中学二年生の学習を、できれば前年度に理解が困難だった部分を重点的にやりなおすことが可能になります。こうすると、生徒自身の心身の成熟と、運がよければ有能な教師と出会うこととの相乗効果によって、中学三年生に進級しても大丈夫なレベルに到達できるかもしれません。

そううまくいかない場合でも、生徒の両親は、子どもがさらに二年間の「学術特待生上級コース」に参加する資格を獲得したと聞けば、まずそれを受け入れることでしょう。

学校教育を修了する年齢になっても生徒に進歩が見られなかった場合は、「学術特待生コース終身名誉生」の証明書を授与されることになります。

このように、水平異動は対象者を横に押し出すので、階層を順調に上昇し続けている者の教育を邪魔しませんし、学年や学位の値打ちを下げることもないのです。

このテクニックは、職業の世界ではすでに個人レベルで適用ずみで、成功例が報告されています。これをもっと範囲を広げて、教育の世界に活用しない手はありません。ピーターの痛み止めは祭り上げを許さないのです。

ピーターの気休め薬——終点到達症候群を抑える

階層社会学的に言うと、気休め薬の服用は、無能レベルに達した結果生じた好ましくない症状を抑えるための、中立的な（さらなる悪化を防ぐ）措置ということになります。

もう一度、数学教師のヴェンダーの例に戻りたいと思います（一八九ページ参照）。ある意味で無能レベルに達していたヴェンダーは、数学そのものを教えることには時間を割かず、ひたすら数学という学問の価値について熱弁をふるいました。

ヴェンダーは、実績をイメージで代用していたわけです。ピーターの気休め薬の効能は、ちょっとしたイメージが何倍もの実績に相当するところにあります。

さあ、この気休め薬をさらに大きな規模で適用できるか見てみましょう。無能な労働者は、昇進のためにガツガツするのをやめて、労働の尊厳を雄弁に話して聞かせればよいのです。無能な教育者は、教えるのは無理だと観念して、教育の価値をたたえるのです。無能な画家は芸術の鑑賞を奨励したらいいでしょう。無能な宇宙飛行士はSF小説を書くのです。性的不能者は愛をテーマに詩作に励むことにしましょう。

このような気休め薬の服用者たちは、社会にたいした益ももたらしませんが、少なくとも人畜無害で、それぞれの道の有能な人間たちの仕事を邪魔することもありません。ピーターの気休め薬は、職業の世界が機能停止することを未然に防ぎます。

ピーターの処方薬――絶大なる治療効果

人類がピーターの処方薬を服用したら、どんな福音がもたらされるでしょうか?

まず、ピーターの予防薬は、何百万という人々が無能レベルに達するのを防ぎます。その結果、欲求不満を抱えて非生産的状態に陥ったかもしれない何百万という人々が、残された生涯を幸福に、社会の有益な一員として過ごせるようになるでしょう。

創造的無能が世界を救う!

ピーターの痛み止めと気休め薬は、無能レベルに達した人々が他人に害を与えることなく、忙しく、幸せで、健康的でいられるようにしてくれます。その結果、無能になった人たちの世話や、彼らのやらかしたヘマの後始末をするために雇われている何百万という人々は、その任務から解放され、生産的な仕事に専念できるようになります。

トータルでどんな結果がもたらされるか知りたいですか？　ものすごい数の人間、ものすごい量の時間と創造力と熱意が、生産的な目的のために解き放たれるのです。

そこでいよいよ、ピーターの処方薬の出番となるのです。

たとえば私たちは、安全にして快適で、効率性抜群の高速交通システムを大都市圏につくりあげられるかもしれません（月面探査ロケットより費用は安く、恩恵だって多くの人に還元できます）。

また私たちは、大気を汚染しない新しいエネルギー源を開発できるかもしれません（煙の出ないゴミ焼却炉によって運転される発電所のようなものなどです）。それは私たちの健康に、景観の美化に、美化された景観をより美しく見せてくれる澄んだ空気の実現に、大きく貢献することでしょう。

さらに私たちは、自動車の品質と安全性を向上させ、高速道路や街路の景観を向上させ、地上を旅することの安全と喜びを取り戻せるのではないでしょうか。

あるいは私たちは、土壌を汚染することなく、むしろ豊かにする有機農法によって、健康的な作物を農場に取り戻すことができることでしょう。

現在の製品流通システムに匹敵するような廃品回収システムが構築され、今は捨てられているゴミの多くが、再利用されて新しい製品に生まれ変わるでしょう。再利用できない廃棄物は、鉱山の廃坑を埋め、新しい建設用地の誕生に貢献することでしょう。

処方するのはあなたです！

残されたページはわずかなので、多くを語ることはできなくなりました。この本を真剣に読んだみなさんなら、将来、あなた自身の暮らしと仕事に、あなたが住む町や国や地球での暮らしと仕事に、ピーターの処方薬を適用する方法を見つけられるはずです。

同意していただけると思うのですが、量のために量を追求しても、人間はその最大の任務を果たすことはできません。その任務は、生活の質《クオリティ・オブ・ライフ》を向上させることを通じて――無能に到達することを防ぐことで――果たすことができるのです。

ピーターの処方薬は、滅亡にいたる愚かな昇進の代わりに、生活の質の向上をもたらしてくれるものなのです。

最後に

もう私に言い残したことはありません。あなたの幸福、健康、達成の喜び、そして人類の明日への希望は、ピーターの法則を理解し、適用し、問題を解決するためにピーターの処方薬を服用することにかかっているのです。

私は、みなさんにピーターの法則を理解し、使いこなしていただきたい一心でこの本を書きあげました。しかし、それを受け入れて活用するかどうかは、みなさん一人ひとりが決めることです。

ところで、この本に続いて、このテーマで続々と別の書物が出版されることでしょう。やがてどこかの慈善家がお金を出して、どこかの大学に階層社会学の講座を設けてくれるかもしれません。そうなったら、私は自分こそ、その教授ポストに適任だと名乗りをあげるつもりです。なぜなら、みなさんの目の前にあるこの本を通じて、私は自分の有能さを立派に証明できたのですから。

訳者あとがき

新生『ピーターの法則』にようこそ！　本書で初めてピーターの法則と出会った読者のために申し上げておきますと、この本の原著 *The Peter Principle* は一九六九年に、そしてその邦訳『ピーターの法則』（田中融二訳、ダイヤモンド社刊）は翌七〇年に、それぞれ出版されています。いま皆さんが手にしているのは、装いも新たになった三三年ぶりの新訳、『ピーターの法則』なのです。

私がピーターの法則の信奉者になったのは、新聞のコラムがきっかけでした。〈畑〉氏が書いた朝日新聞（一九九七年一一月二八日）夕刊のコラム「窓」から、その冒頭部分を引用します。

社会はあらゆるポストが無能な人間によって占められて安定する。これを「ピーターの法則」というそうだ。精神科医の中井久夫さんの『記憶の肖像』を以前読んでこの皮肉な法則を知って以来、忘れないでいる。社会は有能な人間を必死に探しているから、有能性を残している人間には常に「昇進圧力」がかかる。ところが上にいくにつれてやることが変わり、医師として

の腕はよくても、病院長としてはダメみたいに、どこかで無能性を露呈する。社会はしだいに、
この無能レベルに達した人間で埋まる。そういう説明だった。（後略）

私は釘づけになりました。教師として教育の現場で痛感しながら、うまく言葉を見つけられずにいたことが、じつは「法則」と銘打たれてとっくに本になっていた……。運命的なものを感じつつ、私はさっそく『ピーターの法則』を買い求め、一気に読み切ったのでした。そして、この感動を多くの人に伝えたいという衝動に駆られました。

高校の英語教師が本業の私は、『ピーターの法則』の原文を帰国子女のリーディングのクラスで講読することにしました。高校生には階層社会とか無能といった話は難しいかな、とも思いましたが、それは杞憂でした。学習を終えた生徒らからは、「ニュースを見るたびにこの本を思い出す」「世の中、ピーターの法則のとおりですね」といった感想が寄せられたのです。無能の蔓延が時空を超えるように、ピーターの法則への共感も時空を超えるものだと知りました。

＊

ある日、日本語でも読みたくなった生徒が翻訳版のことを尋ねたので、ウェブで検索してみると、なんと「在庫切れ」の表示が出てきました。「なに？　『ピーターの法則』が在庫切れ？　ダイヤモンド社は無能レベルに達したのか？」私はダイヤモンド社にメールを打ちました。「今の時代こそ『ピーターの法則』は読まれるべきです。ぜひとも復刻を」と、ピーター信者のラブコールを送った

のです。もちろん、チャッカリしたもので、新訳で出版のあかつきには、「ぜひ私を訳者に！」という押しも忘れませんでしたが。

その後の紆余曲折は省きますが、とにもかくにも、こうして私は「訳者あとがき」を書く名誉を授かりました。バンジージャンプばりの覚悟で私に信頼を寄せてくださった御立英史編集長には感謝の言葉が見つかりません（ダイヤモンド社が無能だなんて、滅相もございません）。

ピーター博士の数々の造語は訳出に苦労しました。しかし、生徒たちと解釈をめぐって議論した楽しい授業の思い出が心の支えになりました。それから、原著で採用されているユーモラスな人名については、たとえば空調機メーカー社員のブリーズ（Breeze）氏なら、「そよ風」だから「シノギ・ヤスシさん」などと考えて悦に入ったりもしましたが、オヤジ・ギャグ！　と片づけられるのがオチなので、やめにしました。そもそも、名著『ピーターの法則』には、そんなウケ狙いは必要なかったのです。

*

出版から三分の一世紀が過ぎても、この本には古びるところがありません。最近の日本でも、ピーター博士のデータベースに追加してほしい事例が連日のように起きています。

急いでも渡りきれない電車の踏み切り、置き忘れられて死票になった投票用紙、クルマの走っていない高速道路、巨大銀行のシステムエラー、相次ぐ医療過誤、酒酔い運転手を勤務させるバス会社、後処理のことは目をつぶって突っ走る原子力発電、問題の先送りと丸投げの技術だけは超一流の政治家や官僚、まともな社員はいなかったのかと言いたくなるような企業の不祥事、その謝罪の場で幼稚な発言をして怒りの火に油を注ぐ責任者……。世の中、考えられないようなヘマ、ふがいない組織、代わりに穴を掘ってさしあげたくなるような上司やリーダーだらけではありませんか。無能の蔓延は、ピーター博士も言うように、観念するしかないのでしょうか？

しかし、こうした状況に直面しても、本書を読んで「創造的無能」の効能とその具体的な方法を学んだみなさんは、もう心配ご無用です！　えっ？　私が使っている創造的無能の方法ですか？それは部外秘とさせていただいております。

＊

人類が進化という階層のなかで無能レベル（＝絶滅）に到達しないですむように、創造的無能を活用すべしと説いたローレンス・J・ピーター博士ですが、私たちの創造的無能の発揮ぶりをご覧いただく前に、一九九〇年に他界されてしまいました。予言者というと、私たちはノストラダムスあたりを思い浮かべるのかもしれませんが、いえいえ、ピーター博士を忘れてはいけません！　階層社会学の視点から、みごとに人類の行く末を予言し、絶滅回避の方策までも教えてくれた博士に、信者を代表して盛大な拍手を送りたいと思います！

二〇〇三年一一月

渡辺伸也

新装版に寄せて

新訳『ピーターの法則』出版から十五年の歳月が経ちましたが、このたび新装版として再デビューするチャンスを頂戴しました。なんともありがたいことです（ダイヤモンド社は「頂上有能」を体現する出版社でございます！）。表紙もイラストも帯のコピーも一新されました。で、肝心の訳文はというと、実はほとんど変わっておりません。訳者のプロフィールに関しては、職業も肩書も生年も出身地も、何ひとつ変更がありません。すべて同じではあまりにも芸がないので、連絡先のアドレスだけ変えてみました。

ピーターの法則の信奉者を自認しておきながら、無能への階段を昇りつめていくようでは「わかったふうな口をきいてバカな訳者だ！」と後ろ指をさされてしまいます。そう考えると、この十五年のあいだ同じポジションに留まっているというのは、なかなかのものです。「はるか昔に無能レベルに達して『特大つけもの石』になっただけだろう」ですって？　薄々自分でもわかっているので、心優しい読者の皆さんは、お願いですから、そこはそっとしておいてください。

二〇一八年二月

渡辺伸也

ピーターの索引

あ

アーヴィング、ワシントン……113
アインシュタイン、アルバート……141
アウトプット……51, 59, 69, 137, 221, 223
　有益な仕事が遂行されること。
アルジャー・ジュニア、ホレーショー……77
医学界……156
　階層社会学に対して無関心だったり、敵意を抱く人々の世界。
行き当たりばったり登用法……132
一回休み戦法……119
イメージ一人旅……189
インプット……51, 59, 68, 221
　階層社会の規則や儀礼、様式を支える行動。
エジソン、トーマス・A……89
『オセロー』……78
押し……75
　階層をより早く、より高く、のし上がろうとする力。結局は年功序列という圧力で無力にされる。
教えたがりコンプレックス……208
親の七光り人事……60

か

階級制……63, 89, 104
外見偏屈症……171
階層（Hierarchy）……28
　構成員が階級や身分や等級にしたがって配列される組織。
階層社会……28
階層社会学（Hierarchiology）……27, 108
　社会科学の一つで、階層組織の構造と機能を研究するもの。すべての社会科学の土台となる。
階層社会第一の掟……57
　「階層組織は維持されなければならない」
階層社会の効率……101, 104
階層的厄介払い……54
　スーパー有能またはスーパー無能な人間を

切り捨てること。

階層の地盤沈下……214
有能な人間とともに無能な人間まで昇進させる結果として起こる階層まるごとの能力の低下。
階層本能……111
人間を序列づけて並べないではいられないという、抗いがたい性向。
頭文字・略称愛好症……176
管理職の空中浮遊……47, 123
管理職渡り……192
擬似昇進……42, 45
階層社会の外部にいる人間を欺くために、無能レベルに達した人間を別のポストに異動させること。「強制上座送り」と「水平異動」がある。
偽善的いじけ症候群……132
気晴らし療法……160
キャロル、ルイス……115
強制上座送り……42, 61, 137, 215, 230
対象者が階層の上位に祭り上げられる擬似昇進の一つ。
強迫的無能……140
階層の頂点で有能ぶりを示している人物が、わざわざ別の階層社会に移って、そこで無能になってしまうこと。
巨大デスク依存症……166
巨大モニュメント狂……173
経営コンサルタント……135
建造物執着症……172
コーディネーター……137
無能な人間と無能な人間の関係を調整して有能さを引きだすことを託される人間。
コンピュータ……123
コンピュータ化された無能……218
無能な人間がコンピュータを使用することで拡大する無能、もしくはコンピュータ自体の無能。

さ

挫折……129
成就と考えるべき境遇。
シーソー症候群……170, 203
シェークスピア……78, 171
自己啓発……76
自己憐憫症……168
支配階級……102
終身無能症候群……115, 116

終点到達症候群……72, 80, 82, 152, 163, 224
無能レベルに到達したために現れる症状。
終点到達もどき症候群……80, 82, 157, 161
押しの強い人間が陥る症状。
重役ゴミ箱調査……177
昇進……26, 27, 42
有能さを発揮できた階層から上位の階層に昇ること。
昇進指数……181
職業的機械反応……50
目的より手段に意味を認め、重視する態度。
書類恐怖症……165, 203
書類溺愛症……165, 203

進化……211
進歩……222
水平異動……45, 61, 137, 230
対象者に新しい肩書きと新しい仕事場が与えられる擬似昇進の一つ。
すりかえテクニック……183
無能レベルにある人間を救う技術。果たすべき本来の職務とは別の行動パターンを見つけ、それに従うこと。
スーパー無能……57, 213
インプットもアウトプットも完全に欠落している状態。解雇理由となる。
スーパー有能……57
仕事ができすぎてしまう危険な特質。
スタッフ的昇進……38
スミス、シドニー……112
生活の質……235
成功……83, 115
無能レベルへの一里塚。あるいは無能なポストへの終点到達。
成熟指数……101, 135
精神療法……127, 160
政党……97

戦線縮小方式……193
創造的無能（Creative Incompetence）……202, 227
望ましくない昇進の話をもちかけられないようにするための偽装された無能。

ソクラテス……140

た

惰性的バカ笑い症……172
秩序……111
神の第一の教え。階層本能の土台となるもの。

頂上有能……138, 140
階層の頂点にありながら、なお有能なままでいるという非常にまれな状態。

ディオゲネス・コンプレックス……204
ディキンソン、エミリー……114
ディケンズ、チャールズ……67, 175
適性検査……130
職業適性や知能を見るテスト。これに基づく人事は被験者の無能レベルへの到達を早める。
デスク恐怖症……166
徹頭徹尾われ関せず……191
電話依存症……164
特大つけもの石……71, 78
あなたの上位にいて、あなたの昇進ルートをふさいでしまっている無能状態の人物。
ドジスン、チャールズ・ラトウィッジ……115

な

難癖症……169
年功序列……76
地位を昇ろうとする有能な社員の頭を押さえつける圧力。

は

パーキンソン、シリル・ノースコート……120
『パーキンソンの法則』……120
ハイヤーム、オマル……110
箱物依存症……173
パトロン……70
階層の下位にある者の昇進を早めてくれる人物。
ハルの定理……74
万能会話……176
万能スピーチ……176
ピーター主義者の歴史認識……212
歴史の事実に対して階層社会学の科学的知識を適用すること。
ピーターの愛着……62
ピーターの悪循環……149
高い地位にある無能到達者を救済しようとすることによって、より多くの無能到達者を生み出してしまうこと。
ピーターの頭打ち……181
ピーターの急がば回れ……71, 76
ピーターの痛み止め……224, 229
ピーターの受け流し……196, 207
ピーターの逆説……69
階層組織で働く者は無能に対して反発を覚えるのではない、という事実。
ピーターの気休め薬……190, 224, 231
ピーターの結末予知……183
時間をかけて行動の必要性を検証していると、そのうちに必要性が消失してしまう。
ピーターの処方薬……224, 232

ピーターの特効薬……223
人類が進化の階層で完璧な無能に陥ることを防ぐ方法。予防薬、痛み止め、気休め薬、処方薬の4種類がある。
ピーターの難所……71, 76
ピーターの微差……82
ピーターの必然……30
「やがて、あらゆるポストは、職責を果たせない無能な人間によって占められる」。「仕事は、まだ無能レベルに達していない者によって行われている」

ピーターのふるい落とし……70
ピーターの法則……27
「階層社会では、すべての人は昇進を重ね、おのおのの無能レベルに到達する」
ピーターの本末転倒……47, 52, 221
目的達成のための手段を全うすることが目的にすりかわってしまうこと。

ピーターの予防薬……224, 232
ピール、ノーマン・V……76
比較階層社会学……94
引かれ昇進者……68, 137
引き……68
血縁や婚姻関係や親交によって階層内の上位者とつながりをもつこと。
ヒトラー……140
平等主義……102
ピーターの法則がもっとも奔放かつ迅速に作用する社会のあり方。
ファイル偏執症……166
服従……84
階層社会において指導者になるために必要とされる姿勢。
普遍階層社会学……94
フロイト、ジークムント……115
フローチャート狂信症……169
ポープ、アレクサンダー……111
ボス犬恐怖症……90
ボス犬恐怖症コンプレックス……91
蛍の光コンプレックス……168
ポッター、スティーブン……118

ま

マイナス思考……225
マクベス……140
マルクス、カール……113
丸投げ……171

無限準備……183
無能（Incompetence）……21, 26, 28, 32, 148
階層社会のなかで、期待されていることが何もできなくなった状態。身体的能力、社会的能力、情緒的能力、知的能力のいずれかを超えて昇進させられてしまった者が陥る状態。
無能症候群……116, 156
無能の算数……149
無能に無能を加えても、相変わらず無能のままであること。

無能レベル……27, 30, 34, 152

や

有能（Competence）……26, 32
階層社会のなかで、期待されていることがとりあえずできている状態。
有能レベル……30, 114, 209

ら

ライン的昇進……38
落第……214
リーダーシップ……88
すぐれたものを持てば持つほど、上司に警戒され、昇進に不適格とされてしまうもの。
立身出世コンプレックス……80
例外……41
ピーターの法則には存在しないもの。

わ

わき道スペシャル……186

［著者］

ローレンス・J・ピーター（Laurence J. Peter）

1919年、カナダ生まれ。教育学博士。南カリフォルニア大学教授。同大学で規範教育研究所ディレクター、情緒障害児支援プログラムコーディネーターを歴任。教師、スクールカウンセラー、刑務官指導員、コンサルタント、大学教授などの幅広い経験から「階層社会学」を提起。著書多数。1990年没。

レイモンド・ハル（Raymond Hull）

カナダ生まれ。小説家、ノンフィクション作家。1985年没。

［訳者］

渡辺伸也（わたなべ・しんや）

1960年、山形県生まれ。78年に山形東高等学校を、82年に筑波大学を卒業。訳書にアンソニー・スミス『生と死のゲノム、遺伝子の未来』（原書房）、共訳書にスティーヴン・ビーチー『The Whistling Song 路の果て、ゴーストたちの口笛』（大栄出版）がある。
Eメール：peter2003hull@gmail.com

［新装版］**ピーターの法則**
――「階層社会学」が暴く会社に無能があふれる理由

2018年3月23日　第1刷発行
2024年4月30日　第4刷発行

著　者――ローレンス・J・ピーター＋レイモンド・ハル
訳　者――渡辺伸也
発行所――ダイヤモンド社
〒150-8409　東京都渋谷区神宮前6-12-17
https://www.diamond.co.jp/
電話／03･5778･7233（編集）　03･5778･7240（販売）

ブックデザイン―山田知子(chichols)
イラスト――ヤギワタル
校正――――鷗来堂
製作進行――ダイヤモンド・グラフィック社
印刷――――勇進印刷
製本――――ブックアート
編集担当――廣畑達也

©2018 Shinya Watanabe

ISBN 978-4-478-10355-5

落丁・乱丁本はお手数ですが小社営業局宛にお送りください。送料小社負担にてお取替えいたします。但し、古書店で購入されたものについてはお取替えできません。
無断転載・複製を禁ず
Printed in Japan